드림

|부모와|아이가|함께|성장하는|자녀교육서|

EBS〈라디오 멘토 부모〉는
월요일부터 토요일까지 요일별로 정해진 주제를 가지고 전문가와 함께

육아, 심리, 의료 상담, 가족 문제, 책읽기, 학습법에 이르는 다양한 코너들을 접할 수 있는 프로그램이다.
각 분야 최고 전문가들로 구성된 멘토들의 상담은 현실에 바로 적용하고 변화를 경험할 수 있을 만큼 구체적이고 정확하다.

|부모와|아이가|함께|성장하는|자녀교육서|

EBS 라디오

멘토 부모

EBS〈라디오 멘토 부모〉제작팀
강학중·김혜경·이영미
이남옥·전성일 지음

경향미디어

부모와 아이의 마음을 이어주는 사랑의 시간
EBS 〈라디오 멘토 부모〉

아이가 생기고 나면 누구나 좋은 부모가 되고 싶다는 꿈을 꾼다. 하지만 아이를 키우다 보면 행복한 순간만큼이나 아프고 힘들고 고민되는 순간순간이 부모에게 찾아온다. 내가 과연 잘하고 있는 건지, 혹시나 내가 아이를 잘못 키우고 있는 건 아닌지, 답답하고 막막할 때가 한두 번이 아니다. 이럴 때 누군가 내 옆에서 내가 잘하고 있는 건지 조언을 해준다면 조금 덜 힘들게 아이를 키울 수 있지 않을까 생각하는 순간이 많다. 〈라디오 멘토 부모〉는 이런 생각에서 출발한 프로그램이다. 아이를 잘 키우고 싶지만 방법을 모르는 부모, 혼자서 육아를 감당하면서 생긴 스트레스에 지쳐버린 부모, 아이와 소통하고 싶지만 어느새 마음의 벽이 생겨버린 부모들에게 〈라디오 멘토 부모〉가 고민을 들어주는 소통의 공간이자 자녀 교육의 바른 길잡이가 되어줄 것이다.

결혼하고 아이를 키우고 살면서 궁금하고 고민되는 질문이 있다면 누구나 〈라디오 멘토 부모〉의 문을 두드릴 수 있다. 정보의 홍수 속에 잘못된 정보들이 넘쳐나는 요즘, 육아·교육 분야 최고 전문가들로 구성된 멘토들의 상담이 해답을 제시해줄 것이다. 전문가들이 제안하는 실천 방안은 현실에 바로 적용해 변화를 눈으로 확인할 수 있을 만큼 구체적이고 정확하다. 또한 요일별로 육아, 자녀 심리, 교육, 청소년 문제, 의료 상담, 가족 문제 상담, 책읽기, 학습법에 이르는 다양한 코너들을 배치, 현재 내 아이에게 필요한 교육 정보와 육아법을 골라 들을 수가 있다.

좋은 부모를 넘어 행복한 부모가 되는 길, EBS 〈라디오 멘토 부모〉와 함께라면 대한민국 모든 부모들이 행복해질 수 있다.

청취자들이 생각하는 〈라디오 멘토 부모〉란?

온 국민의 지혜가 쑥쑥, 행복이 가득해지는 시간 김도희

내 곁에 있는 자녀교육 백과사전, 자녀교육 119 차소영

보는 만큼 느끼고 아는 만큼 자라는, 부모와 아이가 함께 성장하는 시간 이동화

사랑과 행복의 씨앗을 나누는 오순도순 가족 사랑방 강필영

조부모에게는 지혜를, 아이에게는 희망을 주는 아침의 비타민 김설

부모와 아이 모두가 행복한 맞춤형 교육 비타민 이경주

웃음과 감동과 배움이 있는 나눔터 임수용

희망과 행복을 배우는 평생교육원 범명옥

행복한 부모의 기분 좋은 육아 쉼터 김성훈

대한민국 모든 부모들의 전공 필수 프로그램, 매일 아침 자녀와 같이 듣는 즐거운 세상 장홍규

아이는 쑥쑥 자라고 부모는 한 뼘 성장하는 방송 채소라

드라마보다 재미있고 뉴스보다 유익한 방송 이은영

부모와 아이의 마음이 닮아가는 곳, 더불어 살아가는 아이를 위한 부모들의 현명한 선택! 손민희

지혜로운 엄마, 현명한 아빠들이 함께 하는 방송 김미라

지혜로운 부모, 행복한 아이 만들기 박선화

사랑하는 우리 아이들을 위한 산소 같은 방송 장현미

부모 마음 든든하게, 아이 마음 튼튼하게 박천세

행복한 습관, 배우고 익히며 부모되기! 류진선

준비하는 부모를 위한, 준비된 부모를 만드는 방송 성귀연

프롤로그
도대체 어떻게 해야 좋은 부모가 될 수 있을까요?

살면서 종종 나 스스로에게 묻는다.

'나는 어떤 사람인가?'

이 의문은 또 다른 의문으로 이어진다.

'나는 어떤 엄마인가?'

내리사랑은 있어도 치사랑은 없다고 '나는 어떤 딸인가?' 라는 물음보다 자식에 대한 걱정이 더 앞선다. 내가 제대로 부모 노릇을 하고 있는지, 우리 아이가 잘 자라고 있는지에 대한 절실한 심정을 숨길 수가 없다.

가전제품을 사면 꼭 함께 따라 오는 것이 바로 '사용설명서' 이다. 하물며 라면 봉지에도 라면을 끓이는 방법이 상세하게 적혀 있다. 그런데 가장 어렵다는 부모 노릇에는 설명서가 없다. 아이를 키우는 막대한 임무를 어떻게 하면 제대로 수행할 수 있는지 알려주는 학교도 없다. 결혼을 하고, 아이를 낳으면 아무런 자격 없이도 자연스럽게 부모가 되는 것이다.

나 역시 첫아이를 출산하고 처음 아기의 얼굴을 확인한 후에야 부모의 역할에 대해 본격적으로 고민하기 시작했다. 그러면서 '나는 우리 엄마 같은 엄마는 될 수 없겠구나'라는 생각으로 마음이 무거워졌다. 엄마처럼 뭐든지 해주고, 무조건 참고, 나 자신을 버리고 자식을 위해서만 살 자신이 없었다. 아직도 그때의 막막했던 기억이 생생하게 떠오른다.

출산 후 나의 모든 신경들은 내 아이에게 집중되었다. 누워 자는 아기의 배 속에서 '꼬르르꼬르르' 소리만 나도 아는 소아과 의사선생님께 밤중에 전화를 걸어 괜찮은 거냐고 물어보고, 아이의 심장이 조금이라도 빨리 뛴다 싶으면 초시계로 아이의 심장박동수를 몇 번이나 확인해 보았다. 한번은 아이가 책꽂이 높이 올려둔 종합감기약을 홀짝홀짝 다 마셔버려서 둘째아이를 임신한 몸으로 정신없이 병원으로 달려갔던 적도 있다. 그런 일들은 지금도 차원만 달라졌을 뿐이지 매일매일 계속해서 일어나고 있다.

몇 년 전 《엄마는 미친 짓이다》라는 책이 출간됐었다. '엄마'라는 환상 때문에 받는 억압과 심적 고통에 대해 기술한 책이다. 읽으면서 우리나라에서 엄마란 어떤 존재인가 곰곰이 생각해 보게 되었다. 대한민국 국민들은 누구나 교육에 관심이 지대하다. 더군다나 아이를 둔 부모라면 교육과 관련해 절대 자유로울 수 없다.

이러한 우리나라의 현실을 반영해 〈라디오 멘토 부모〉는 좋은 부모, 행복한 부모를 꿈꾸는 부모들을 위한 프로그램으로 기획되었다. EBS 교육 방송이 자녀 양육, 부모 교육에 대한 지속적인 관심을 갖고 꾸준히 편성·제작을 해온 결과물이라 할 수 있다. 제작진도 아이를 키우는 부모의 마음으로 청취자와 똑같은 입장에서 프로그램을 진행했기 때문에 보다 가깝게 소통할 수 있었다.

EBS에 입사한 뒤에 많은 프로그램들을 제작해왔다. 그중에서도 자녀 양육, 부모 교육 관련 프로그램은 누구에게도 뒤지지 않는 담당 분야가 되었다. 나 또한 미혼에서 이제는 두 아이의 엄마가 되었기에 〈라디오 멘토 부모〉는 이미 내 생활 속의 프로그램으로 자리매김했다. 언제나 '우리 부모들에게 필요한 것은 무엇인가?', '아이들 키우는 데 어떤 것들이 도움이 될까?'에 대해 끊임없이 고민한다.

2009년 3월에 시작한 〈라디오 멘토 부모〉는 어느새 각 분야의 멘토들과 보이지 않는 수많은 청취자를 거느린 대가족이 되었다. 그리고 그들과 하나 되어 일궈낸 소중한 결실이 바로 이 책이다. 《라디오 멘토 부모》가 대한민국의 많은 부모들이 함께 공감하고 이해할 수 있는 자녀교육서가 되리라 확신한다.

끝으로 전화나 인터넷으로 열심히 참여해준 〈라디오 멘토 부모〉의 청취자들과 좋은 아버지 역할에 끊임없이 도전하고 노력하는 김명세 위원님, 송경화 부장님, 손희준 PD에게도 감사의 말씀을 전하고 싶다.

EBS 〈라디오 멘토 부모〉 제작팀 한진숙 PD

차례

프롤로그 ... 6

1장 아이의 성장에 꼭 맞춘 육아법을 배운다

01 내 아이에게 좋은 부모가 되는 게 양육 방식의 정답이다 ... 15
02 적절한 당근과 채찍이 아이에게 약이 된다 ... 19
03 교육기관은 언제부터 보내는 것이 좋을까? ... 23
04 식습관은 이유식을 먹을 때부터 바로잡아야 한다 ... 30
05 아이의 언어발달이 늦다고 조급해 하지 마라 ... 34
06 배변 훈련이 내 아이의 성격을 결정한다 ... 41
07 혼자 재우기는 충분한 준비가 필요하다 ... 47
08 유아기의 공부법은 놀이, 놀잇감 선택이 중요하다 ... 52
09 목욕 시간이 아이의 평생 습관을 만든다 ... 57
10 글자와 숫자는 놀이와 실물로 친근하게 접근하자 ... 62
11 떼쓰는 아이에게는 즉각적이고 일관적으로 대응한다 ... 67

2장 아이의 행동에 숨겨진 메시지로 심리를 읽는다

01 자존감은 자녀에 대한 인정에서부터 시작한다 — 75

02 아이의 공격성, 의사표현의 첫 단계다 — 86

03 대물집착증은 위로의 대상을 찾는 행동이다 — 101

04 산만한 아이는 집중력을 향상시켜야 한다 — 109

05 나이에 맞는 아이의 지도법은 따로 있다 — 133

3장 내 아이 문제행동의 1차적 원인은 부모에게 있다

01 지금 여기서 바로 문제를 해결해야 육아 스트레스도 없다 — 151

02 이혼 후에도 부모의 역할은 계속 된다 — 156

03 아이가 등교를 거부해도 일단 학교에 보내라 — 161

04 평소 말수가 적다고 선택적 함구증이 아니다 — 167

05 아이의 도벽은 충동을 참지 못해 생긴다 — 173

06 일상을 즐겨야 우울증에 빠지지 않는다 — 178

07 합리적인 사고로 강박증에서 벗어나라 — 184

08 재혼의 성공은 육아에 달려 있다 — 191

09 아이 마음이 편해야 잠도 잘 잔다 — 195

10 신체화장애는 스트레스에서 도망치려다 생긴다 — 199

11 학습장애와 공부를 못하는 것은 다르다 — 203

12 중독되지 않으려면 시간 관리를 철저히 하라 — 208

13 사회성은 엄마에게 배운다 … 212

4장 가정화목의 첫걸음 부부 문제, 서로의 차이를 인정한다

01 아이 문제는 부부 간의 노선 통일이 시작이다 … 221
02 별거 후 성급하게 합치는 것이 능사가 아니다 … 225
03 부부가 한 팀이 되어 효도를 해야 한다 … 229
04 부부는 서로의 다름을 끊임없이 이해해야 한다 … 234
05 부부갈등은 피하면 피할수록 깊어진다 … 238
06 주말부부에게 주말은 재충전의 시간이다 … 242
07 취미 생활도 부부가 공평해야 한다 … 247
08 다른 가치관보다는 공동의 목표에 주목하자 … 253

부록 부모와 아이가 함께 즐기는 생활 속 놀이

01 EQ가 쑥쑥, 자연 놀이 … 263
02 사고력 쑥쑥, 과학 놀이 … 265
03 논리력 쑥쑥, 수학 놀이 … 269
04 한글이 쏙쏙, 한글 놀이 … 273
05 창의력 쑥쑥, 미술 놀이 … 276

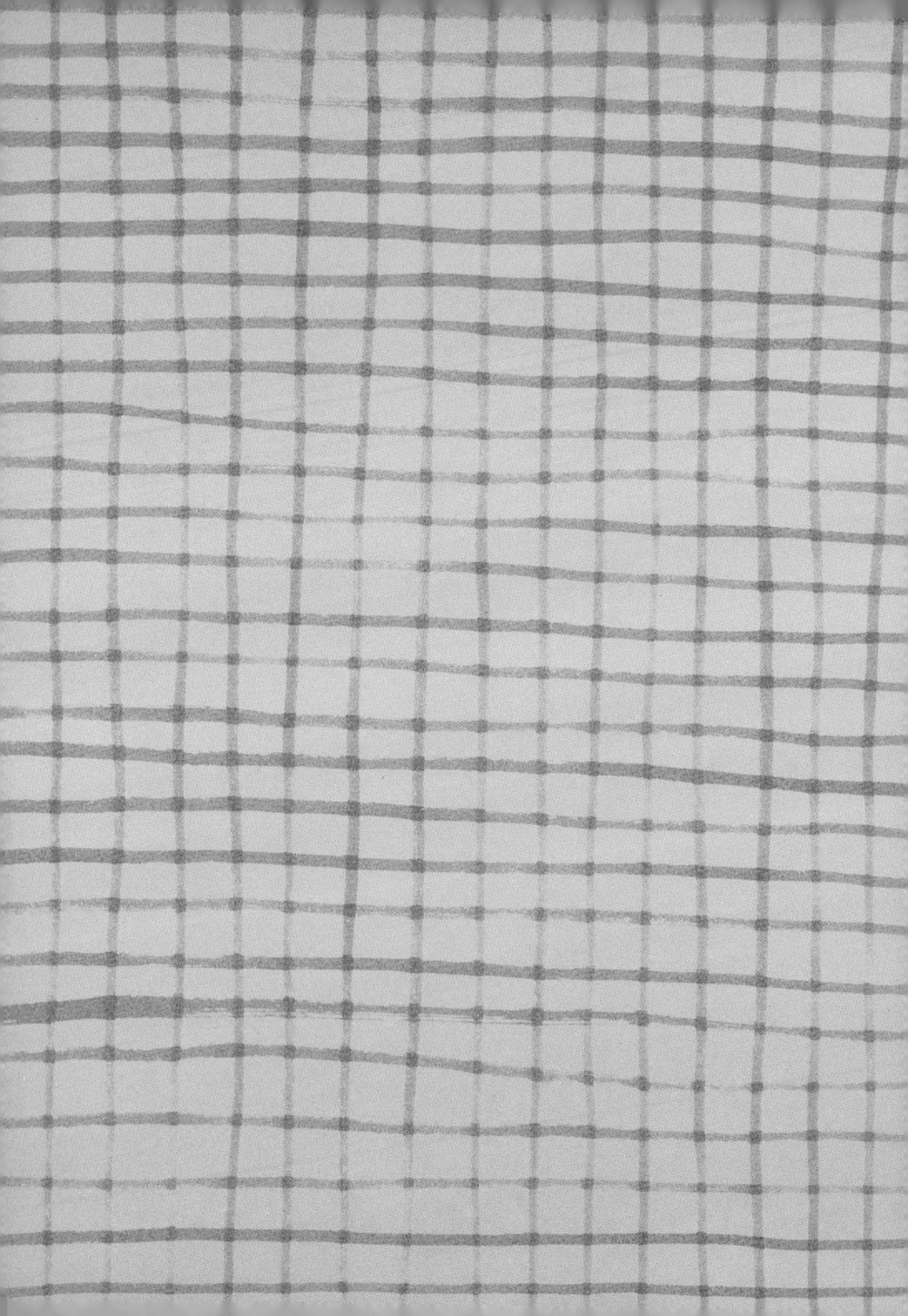

1장

EBS 라디오 멘토 부모

아이의 성장에 꼭 맞춘
육아법을 배운다

01 EBS 라디오 멘토 **부모**

내 아이에게 좋은 부모가 되는 게 양육 방식의 정답이다

이제 막 돌이 된 아들을 키우고 있어요. 아이가 생긴 후로 한 달에 일주일 이상은 친정에 가 있거나 친정 엄마가 와 계세요. 아이 키우는 일이 너무 힘들어서 자꾸 친정 엄마한테 의지하게 되네요. 우리 엄마는 4남매를 혼자 잘도 키우셨는데 저는 왜 하나 가지고도 이렇게 힘이 들까요? 엄마 자질이 부족한 걸까요?

이럴 땐 이렇게

요즘 아이를 키우면서 이런 고민하는 부모님들이 참 많다. 예전에는 부모뿐 아니라 대가족이 함께 아이를 키웠지만 요즘처럼 핵가족화된 현대 사회에서는 엄마, 아빠 두 사람이 아이의 모든 육아를 책임져야 하다 보니 이 부담이 고스란히 육아 스트레스로 다가오는 것이다.

한 아이의 부모가 되는 것은 진정한 성인이 되는 것을 의미한다. 생존에 필요한 최소한의 능력만 가지고 태어난 어린 생명을 보살피고 길러 내는 일은 인간에게 주어진 커다란 축복이자 업보다. 많은 기쁨과 보람을 느끼게 해주는 일인 동시에 수고와 능력을 요구하는 일이기도 하다.

아이 양육의 문제가 버겁게 느껴질 때 내 부모가 나를 어떻게 길러 주었나 되새겨 보며 스트레스를 이겨내자. 또 내가 살고 있는 지역에서 어떤 혜택을 받을 수 있는지 구청 홈페이지나 지역 보육정보센터, 건강가정지원센터, 영유아플라자 등을 찾아보는 것도 좋다. 출생 후 3개월부터 맡아주는 기관을 소개받는 등 국가의 정책과 지원 제도를 이용해 보는 것도 심적 부담을 줄이는 데 도움이 될 것이다.

100명의 아이가 있으면 100개의 교육관이 있다

누구나 아이가 생기면 좋은 부모가 되기를 소망한다. 하지만 어떤 부모가 좋은 부모인지에 관한 해답을 찾기란 쉬운 일이 아니다. 사실 좋은 부모란 어떤 특별한 기준이 있는 것이 아니다. 자신이 부모라는 사실이 즐겁고 행복한 사람, 그리고 내 아이가 나를 좋은 부모로 느낀다면 그것이 바로 좋은 부모에 대한 해답일 것이다.

100명의 아이가 있으면 100개의 교육관, 교육 방법이 있다는 말처럼 어느 것이 옳고 그르다고 단정 지을 수 없는 것이 자녀 양육 방식이다. 부모 유형에 대한 이론과 양육 방식은 무수히 많다. 그렇지만 기본 전제는 내 아이에게 좋은 부모가 되어야 한다는 것이다. 아이가 사랑을 받는다고 느끼고 자기 일을 스스로 할 수 있게 키워야 한다. 즉, 애정과 자율 두 가지가 핵심이다. 또한 부부가 생각이 같아야 하고 일관된 교육관을 가지고 있어야 한다. 이때의 기본 전제는 부부사이가 좋아야 한다는 것이다. 좋은 부부가 좋은 부모가 될 수 있다. 편안하고 행복한 가정환경이 아이의 자존감 형성에 중요한 역할을 한다. 이런 환경 안에서 아이의 능력을 발견하고 도와주는 것이 중요하다.

좋은 부모의 모델이 딱히 정해져 있지는 않지만 다음의 양육 방식들은 피하는 것이 좋다. 먼저 너무 무서운 부모는 좋지 않다. 아이가 어리광을 부리고 싶을 때 망설임을 줄 만큼 지나치게 권위적인 태도는 부적절하다. 권위적인 부모는 사사건건 다 참견하고 부모 뜻대로 가야 하는 경향이 있다. 기본적으로 자율적인 성향을 가진 아이여도 부모가 이렇게 양육을 하면 스스로 문제 해결을 하는 데 어려움을 겪는다. '내가 해 봐야 엄마 아빠한테 꾸중만 듣고, 부모님이 하라는 대로 해야 하는데' 하며 수동적인 아이가 되고 자율적으로 무언가를 할 수 없다. 그러다 보니 스스로 성취하는 기쁨을 경험하지 못해 세상에 대해 자신감이 없어지게 된다. 당장은 순하게 순응하며 착하게 사는 것처럼 보이지만 멀리 내다보면 아이를 올바르게 키우는 것이 아니다. 스스로 할 수 있는 기회를 많이 주고 칭찬할 때 부모의 권위도 빛을 발하게 된다. 반면에, 사랑이 지나치거나 무조건 아이 마음대로 하게 해주는 태도 역시 바람직하지 않다. 이는 자율이 아니라 방임이고 방치이다. 무엇보다 무관심이 가장 나쁘다는 것을 기억하자.

너무 허용적인 양육 방식은 어렵게 출산한 아이의 경우나, 부모가 아이에게 죄책감이 있는 경우에서 흔히 보이는 양육 방법이다. '이거라도 하게 해줘야지', '하고 싶은 대로 하게 해줘야지' 하는 것이다. 그러나 이런 아이는 무엇이든 자기 마음대로 하며 성장하기 때문에 자기 통제력이 없어지게 된다. 유아교육기관이나 학교에 가서도 남을 배려하는 면이 부족하기 때문에 왕따가 되기 쉽고, 기본적으로 의지가 약한 아이가 된다. 부모로서 권위도 가지고 아이를 존중하면서 키워야 하므로 양육이란 참 어려운 것이다.

02 EBS 라디오 멘토 부모

적절한 당근과 채찍이 아이에게 약이 된다

아이가 자꾸 제 눈치를 봐요. 어려서부터 야단보다는 칭찬을 많이 하면서 키웠는데, 왜 그럴까요?

이럴 땐 이렇게

칭찬은 좋은 교육법이다. 세계적으로 이름난 대부분의 사람들을 봐도 칭찬을 많이 듣고 자랐다. 칭찬은 아이의 자존심을 키워주며 가지고 있는 능력을 최대한 발휘하도록 북돋아주는 중요한 요소이다. 그러나 아이들이 어떤 행동을 했을 때 칭찬을 하면 동기 유발이 되지만, 판에 박힌 칭찬은 오히려 독이 될 수 있다. 아이가 노력하는 과정에 초점을 맞춰서 구체적으로 칭찬하는 것이 좋은 행동을 유도한다. 예를 들면 "오늘 같이 추운 날 네가 문을 그렇게 잘 닫으니까 집이 따뜻하게 느껴져, 고마워", "책을 읽고 있는 모습을 보니까 엄마 마음이 행복해져, 네가 공부 잘하는 아이가 될 것 같은 생각이 들어", "네가 블록을 잘 정리해 놓으니까 지나갈 때 밟히지도 않고 우리 집이 깨끗하구나, 너무 잘했어"와 같이 아이의 행동을 먼저 짚어주고 엄마의 칭찬이 뒤따르게 해야 한다.

아이들이 스티커 붙이기와 같은 활동을 좋아하기 때문에 칭찬 도장이나 스티커도 활용을 많이 하는데, 이때 보상을 남발하게 되면 보상이 없을 때는 행동을 안 하는 경우가 있다. 그러므로 칭찬 스티커를 만들 때 아이와 규칙을 정해서 그 규칙을 반드시 지키고, 보상을 하기로 한 것이 있으면 반드시 보상을 하면서 진행해야 한다.

타임아웃은 최후의 방법

가정에서 통제가 안 되는 문제행동을 교정하는 프로그램들의 시청률이 높은 것을 볼 수 있다. 그러나 이 프로그램에서 사용되는 훈육의 방법들은 최후의 처방이으로 무조건 따라해서는 안 된다.

대표적인 방법이라 할 수 있는 타임아웃(Time-out)은 아이를 이 시간에서 빼버린다는 의미이므로 자존심을 상하게 하고 소외감을 느끼게 하는 기법 중 하나라고 할 수 있다. 아이와 대화로 풀기 위해 노력하다가 정말 안 될 때 쓰는 마지막 방법인 것이다. 이것도 이론상으로 보면 2~3분을 초과하지 않도록 되어 있다. '벽 보고 30분 있기'와 같은 것은 시간이 길기 때문에 아이 자신이 왜 벌을 받는지 잊어버리기 쉬우므로 좋지 않다. 가장 중요한 점은 왜 내가 타임아웃을 당하는지에 대한 이해가 있어야 한다는 것이다. "엄마가 아무리 이야기를 해도 안 되기 때문에 이 방법을 써야 되겠다" 이렇게 이야기를 해야지, 갑자기 "너 나가"라고 하면 아이는 황당해 하고 적개심을 가지게 된다. 체벌도 같은 원리인데, 부정적인 훈육의 방법을 쓸 때는 반드시 '내가 왜 이것을 당해야 하나' 아이가 느끼고 깨달은 다음에 실행해야 한다.

본격적인 훈육은 만 3세부터!

만 1세까지의 아이에게 가장 중요한 과업이 나를 보살펴주는 주양육자에게 신뢰를 갖게 하는 것이다. 그러므로 가능한 한 돌까지는 많이 쓰다듬어주고 다 받아주고 하는 것이 좋다. 그런데 아이가 돌이 지나고 스스로 돌아다니면서 만지고 하다 보면 위험한 일도 생기고, 자기는 즐겁다고 하지만 피해를 주는 일도 생기기 마련이다. 이럴 때는 왜 안 되는지를 잘 설명해주는 것이 필요하다. 좀 더 본격적으로 규칙을 알려주는 것은 만 3세 정도가 되었을 때 하는 것이 좋다. 이 시기부터는 지켜야 하는 규칙에 대해 이해가 가능해지기 때문이다.

아이들의 떼쓰는 행동은 자기주장이 나타나는 것이고 분노 표현법을 배워 가는 것으로 이해해야 한다. '우리 아이가 지금 이만큼 자랐고 커가고 있구나'라고 생각하면 대처하기가 더 쉬울 것이다. 아이가 떼를 쓰면 화부터 내지 말고 왜 아이가 떼를 쓰는지 마음을 읽어주어야 한다. "~해서 화가 났구나", "네가 떼쓰고 울면서 말하면 듣지 않을 거야", "좋은 말로 할 때까지 엄마가 기다릴게" 하고 근엄한 얼굴로 말한 다음 감정이 진정될 때까지 기다렸다 대화로 해결한다.

03 EBS 라디오 멘토부모

교육기관은 언제부터 보내는 것이 좋을까?

4살인 딸을 키우고 있는 엄마입니다. 어린이집에는 몇 살부터 보내는 것이 좋은가요? 시어머니께서는 빨리 보내야 뭐라도 배운다고 하시네요. 어린이집을 안 보내고 엄마가 같이 놀아주는 것이 좋을지 아니면 보내는 게 좋을지 잘 모르겠어요.

이럴 땐 이렇게

아이가 4살이고 엄마가 집에 있는데다 꼭 다녀야 하는 상황이 아니라면 집에서 엄마와 놀아도 괜찮다. 그런데 아이가 매우 다니고 싶어 한다면 반일제 프로그램 같은 짧은 시간으로 기관에 보낼 수도 있다.

보통 집단생활에 필요한 규칙을 이해할 수 있는 나이는 만 3세부터

이다. 요즘은 어린이집 시설이 잘 갖춰져 있고, 맞벌이 가정을 위해 출생 후 3개월부터 입소가 가능하다.

아이가 버스를 타고 장시간 이동하는 거리에 있는 교육기관을 선택할 경우 아이가 매우 피곤해 한다. 가능하면 취학 전 아이들은 걸어서 등하원 할 수 있는 거리가 좋은데 이것은 대부분의 국공립기관이 차량을 운행하지 않는 이유이기도 하다. 아이들이 걸어 다니면서 보는 모든 것이 교육적인 경험이 될 수 있기 때문이다. 아이들이 기관에서 생활하는 시간이 길어지기 때문에 청결이나 위생도 살펴봐야 한다. 채광이 밝고 쾌적한지 보고, 아이들이 책을 보고 장난감을 가지고 노는 데 적당한 조명이 되어 있는지, 환기는 잘 시키고 있는지를 살펴봐야 한다. 화장실만 살펴봐도 기관의 위생 상태를 알 수 있다. 바닥이 젖어 있지 않게 항상 보송보송하게 관리를 하는 곳이 좋고, 세제나 청소 용구가 아무렇게나 바닥에 널브러져 있는 곳들은 위생뿐만 아니라 아이들의 안전에도 무신경한 기관이니 피하는 것이 좋다.

동생이 태어난 후 곧바로 어린이집이나 유치원에 보내면 아이가 퇴행 행동을 보일 수가 있다. 자신이 독차지하던 엄마의 사랑을 동생에게 빼앗기는 상황을 견디지 못하고 동생처럼 행동하면 엄마가 자신에게 관심을 줄 거라는 기대에서 퇴행 행동을 보이는 것이다. 신생아를 보살피기가 힘든 상황에 큰아이의 퇴행 행동은 엄마를 더욱 힘들게 만든다. 엄마도 육아 스트레스를 많이 받고 아이는 아이대로 하루 종일 엄마가 동생을 돌보는 것을 보며 스트레스를 받을 수 있다.

아이에게 동생이 태어나 엄마가 힘들어서 어린이집에 보낸다는 분위기를 주지 말고, 아이가 중심이 되어 어린이집에 가야 할 이유를 설명해야 한다. 아이를 데리고 어린이집 놀이터에서 놀아 보기도 하고 주변을 둘러보는 것도 좋다. 이렇게 기관에 호감을 가지게 한 뒤 보내면 적응과정에도 도움이 된다.

내 아이에게 꼭 필요한 유아용품

(1) 보행기

어느 가정이나 아이가 있는 집이면 당연히 있어야 할 것으로 알고 있는 보행기에 대한 논란이 심각하다. 현대 아동학자들이나 소아과 의사들이 보행기의 병폐에 대한 연구를 발표하고 있다. 보행기로 인한 유아의 부상 유형을 보고하고 주의를 요구하는가 하면, 너무 빨리 태웠을 때 까치발을 하게 되거나 안짱다리가 된다는 주장도 있다. 또 다리 근육을 발달시키기 보다는 오히려 저해하는 요인이라고 주장하기도 한다. 보행기를 탈 때와 스스로 걸을 때 사용하는 근육 자체가 다르기 때문에 보행 능력의 습득에 도움을 주지 못한다는 것이다. 그러므로 보행기를 발육을 위한 용품이라기보다는 놀이 용품 정도로 분류해야 할 것 같다.

보행기는 아이가 목을 가눌 수 있고 혼자 앉을 수 있으며 잠시라도 혼자 서 있을 수 있는 능력이 습득된 후 타게 한다. 대략 생후 7개월은 되어야 한다. 아이가 보행기를 탈 수 있는 월령이 되면 움직이는 공간이 넓어지므로 집 안의 안전 관리에 유의한다. 넘어졌을 때 상처를 줄 수 있는 물건들을 치우고 혼자 놀게 내버려 두지 말아야 한다. 너무 오래 태우면 다리나 허리에 무리를 줄 수 있으므로 짧은 시간만 타도록 하고 하루에 총 2시간을 초과하지 않도록 한다.

(2) 운송 수단: 아기띠, 유모차, 캐리어

아직 걷지 못하는 아기를 키울 때는 여러 가지 운송 수단이 필요하다. 아주 어릴 때는 아기와 얼굴을 마주 볼 수 있게 앞으로 안고 목을 받쳐 줄 수 있는 띠를 사용하기도 한다. 어깨띠가 넓고 허리 조절 벨트가 튼튼한 것을 고른다.

유모차는 보통 생후 6개월 정도부터 사용하기 시작해 잘 걷게 되는 24개월 정도까지 사용한다. 스스로 허리를 가누지 못하는 아이를 태울 때는 안전에 유의한다. 좀 더 자라서 허리를 마음대로 가눌 수 있게 된 후에도 오랜 시간동안 계속 태우는 것은 허리에 무리를 준다. 등받이가 완전히 펴지는 일반 유모차가 안전하지만 휴대가 어렵다는 단점이 있다. 휴대가 용이한 휴대용 유모차는 가격이 저렴하고 가벼운 반면, 짧은 시간에도 허리에 무리를 줄 수 있다. 어떠한 용도로 사용할 것인지 심사숙고하여 선택해야 한다. 일반 유모차나 휴대용 유모차 모두 1시간 이상은 태우지 말 것을 권한다.

요즈음 젊은 아빠들이 캐리어에 유아를 업고 다니는 모습을 볼 수 있다. 점점 익숙한 풍경으로 다가오는 것 같다. 유모차가 유아의 신체 성장에 영향을 미치는 것이 아니고 운송 수단이라는 점을 고려하면 캐리어와 유모차 둘 중 한 가지만 구입해도 좋다.

(3) 식탁 의자

아이가 자라서 식탁에 앉을 수 있을 때까지 유아용 의자를 사용하는 가정이 많다. 우유나 모유를 먹던 아기가 이유식을 시작하는 생후 6개월 정도가 되면 식사할 수 있는 공간이 필요하다. 밥그릇을 들고 쫓아다니지 말고 아이만의 공간을 만들어주자. 자신만의 공간을 만들어주는 것은 안정감과 소유에 대한 자부심을 갖게 한다. 혼자 음식을 먹으려고 하고 식사 시간을 즐기게 하는 효과도 있다.

별도로 구성된 유아용 의자 형태와 성인 의자에 부착하여 사용하는 보조용 의자 형태가 있는데 각 가정의 가족 수나 공간의 크기 등을 고려하여 어떤 것을 선택할지 결정한다.

유아가 식탁 의자에 앉아 있는 동안에도 성인의 보호가 필요하다. 식탁 의자도 활동적인 아이의 경우 간혹 안전사고의 위험이 따른다. 높은 곳에 올라가는 것을 즐기는 아이들의 특징 때문에 식판 위에 올라가서 떨어지기도 하고 빠져나오기를 시도하다가 미끄러지기도 한다. 앉으면 반드시 안전벨트를 매게 하고 부착된 벨트가 안전한지 수시로 확인한다. 안전과 함께 청결에도 유의한다. 손동작이 미숙한 유아들은 많은 음식을 흘리고 쏟아 놓는다. 쉽게 닦이는 재질로 되어 있고 식판을 분리하여 닦을 수 있는 것이 좋다.

(4) 카시트

가만히 앉아 있지 않고 쉴 틈 없이 움직이는 아이들의 안전을 위해 차 안에서는 반드시 안고 타거나 카시트를 착용시켜야 한다. 선진국의 경우 만 5세 이하의 아이들을 위해 카시트의 착용이 교통법규의 의무조항으로 되어 있다. 외국의 유아용품 광고 사진을 보면 머리 보호대와 배 보호대를 갖춘 신생아용, 대략 6개월부터 5세까지 착용하는 유아용, 초등학교 아동들을 위한 주니어용까지 다양한 카시트가 제시되어 있다. 우리나라에서 시중에 판매되는 유아용 카시트는 최소한 6개월 이후 목을 가눌 수 있는 아이들을 위한 것이 대부분이다. 앞쪽으로 받침대가 있는 미국형과 받침대 없이 벨트로 되어 있는 일본형이 있다. 아이의 안전을 위해 카시트는 뒷좌석에 설치한다. 앞좌석에 앉혔다가 돌발적인 사고를 당하면 치명적인 결과를 낳기도 한다. 안전을 위해 설치한 에어백이 유아의 몸을 덮어 질식사하거나 심한 충격을 받을 수 있기 때문이다. 안전을 고려하여 충격을 흡수하는 재질로 된 것, 아이가 움직이기 편안하게 고안된 것, 모서리가 둥글게 처리되고 세탁이 용이한 것을 선택해야 한다.

(5) 아이 변기

성급한 부모나 조부모님들이 아이의 배변 학습에 과민하게 신경을 쓸 때가 있다. 대소변 훈련은 18개월 정도에 시작하는 것이 무난한데 개인차가 있으므로 아이에 따라 적절한 시기가 다를 수 있다. 대변 학습이 소변 학습보다 빨리 이루어진다. 변을 보고 난 후 스스로 "쉬" 또는 "응가" 등의 말을 하게 되면 변기를 구입하여 변기와 친숙하게 한 후 시작한다. 변기에 앉혀 놓고 옆에서 힘을 주는 흉내 등으로 아이를 도와준다. 30초 정도만 앉아서 시도해 보게 한다. 너무 오랜 시간 동안 앉아 있게 하고 시간을 끌면 실패할 가능성이 많다. 성공했을 때는 많은 칭찬으로 격려하고, 실패해도 꾸중하지 않는다. 야단치지 말고 다음에 잘하자고 말해준다.
변기도 별도 용품으로 만들어진 것과 성인 변기에 보조 형태로 쓰는 것이 있다. 유아용으로 별도로 준비해주는 것이 좋다. 뚜껑을 덮어 의자로 사용할 수 있는 제품이 많고 멜로디 기능이 있거나 휴지걸이가 부착된 것도 있다.

04 EBS 라디오 멘토부모

식습관은 이유식을 먹을 때부터 바로잡아야 한다

저희 아들은 8살인데 식사 예절이 엉망입니다. 밥 먹을 때 흘리고 먹는데다가 맛있는 음식은 자기 앞에만 놓고 싫어하는 음식을 주면 우는 소리를 내서 식사 분위기를 망치곤 하는데 어떻게 하면 좋을까요?

이럴 땐 이렇게

식습관은 보통 이유식 끝나고 성인들의 음식과 유사한 것을 먹으면서부터 본격적으로 시작되어야 한다. 그런데 요즘 아이들이 하나 둘이다 보니 아이 중심으로 키우는 집이 많아 잘못된 식습관을 들일 수 있다. 이럴 때는 어떤 계기를 찾아 습관을 바꿀 수 있도록 도와주어야 한다. 예를 들면 아빠나 엄마 생일에 식탁 앞에서 "오늘은 엄마 생일이니까 오늘부터 어른 먼저 드리기 해 보자"라고 제안을 하고 습관을 바꿀 수 있도록 도와주자. 그리고 아이가 직접 어른에게 음식을 덜어드린다든지 하는 일을 해 볼 수 있게 하는 것도 방법이다.

어른 먼저 드리고 어른 먼저 먹기나, "잘 먹겠습니다" 다 같이 인사하고 먹기 같은 문화를 부모가 만들어 실천하면 아이의 식사 예절도 차츰 바뀔 것이다.

요즘 돌아다니면서 먹는 아이, 먹여줘야 먹는 아이 등등 잘못된 식습관을 가진 아이들이 많은데 이유는 과잉보호 때문이거나, 흘리고 지저분하게 먹는 게 싫어서 깔끔한 젊은 엄마들이 아이들은 손도 못 대게 하고 먹여주기 때문이다. 잘못된 식습관을 고치려면 우선 일정한 곳에서 식사를 하도록 한다. 식사와 잠자는 것, 기본적인 생활은 정해진 장소에서 해야 정서적으로도 편하고 앞으로 살아가는 데 바르게 크는 기초가 된다. 그리고 아무리 흘리고 지저분해도 아이가 숟가락이나 포크 등 식기를 자기가 쥐고 싶어 하는 욕구를 보일 때는 스스로 먹도록 해주는 것이 좋다.

식습관, 처음부터 잘 들이자!

아이가 걷기 시작하고 행동반경이 넓어지면 양육자는 잠시도 쉴 수가 없다. 아차, 하는 순간에 부상을 입고 일을 저지르기 때문이다. 최소한 만 3세가 되기까지 끊임없이 쫓아다니면서 이런저런 참견을 하게 된다. 판단 능력이 없는 아이는 부모의 태도 여하에 따라 할 수 있는 것과 할 수 없는 일이 정해진다.

바쁜 아침 식탁에서 아이의 뜻을 다 받아주는 것은 너무나 힘든 일이다. 저녁 식탁에서는 얌전히 앉아 있던 아이가 아침 시간에는 막무가내로 떼를 쓰며 돌변한다. 몸을 마음대로 움직일 수 없는 유아용 식탁 의자에 앉히자 빠져나오려고 떼를 쓴다. 출근시간에 쫓겨서 조급한 마음에 의자에서 내려놓아주면 아빠의 의자에 올라가겠다고 떼를 쓴다. 이번에도 아이에게 져주게 된다. 아빠 의자에 올라간 아이는 식탁 위를 엉망진창으로 만들어 놓는다. 젓가락으로 모든 반찬을 꾹꾹 찔러 보는 과정에서 음식물들이 식탁 위에 쏟아진다. 숟가락으로 이 음식 저 음식을 뜨다가 혼합시켜 놓는다. 혼자서 먹으려고 입으로 가져가지만 십중팔구는 아이의 입 근처에서 떨어뜨려지고 만다. 엄마는 버럭 소리를 지른다. 많은 직장 여성들의 아침 시간대 모습이 아닐까 한다. 하지만 아이 입장에서 엄마 아빠가 맛있게 먹는 음식이 식탁 위에 놓여 있으니까 어떤 것들이 있는지 식탁 위에 올라가서 보고 싶은 것은 당연하다.

아이는 식탁에서 많은 것을 배운다. 젓가락으로 이 음식 저 음식을 찔러 보면서 딱딱한 것과 부드러운 것을 구별하게 된다. 분류 개념의 초기 학습인 것이다. 숟가락으로 음식을 먹으려면 눈과 손, 구강 근육의 협응과 분화가 이루어져야 한다. 숟가락질을 잘 못한다고, 식탁을 더럽히기만 한다고 먹여주는 것은 빨리 혼자 먹을 수 있게 되어 엄마 아빠를 도와주려는 아이의 노력을 무시하는 행동인 것이다.

안전한 식기를 준비해주고, 조금 수고스럽더라도 스스로 먹을 수 있게 격려해주자. 습관만 잘 들이면 이후 떠먹이는 수고 없이 즐거운 식사 시간을 맞이할 수 있다.

05 EBS 라디오 멘토 부모

아이의 언어발달이 늦다고 조급해 하지 마라

이제 열흘만 있으면 24개월인데요. 아직 엄마, 아빠 정도밖에 말을 못해요. 사내아이라 좀 늦겠지 싶다가도 걱정이 됩니다.

이럴 땐 이렇게

아이의 언어발달이 늦다고 너무 조급하게 생각하지 말자. 아이의 언어발달을 이해하고 아이의 속도를 부모가 맞춰주는 것이 좋다.

갓 태어난 아이가 그저 울음으로 자신의 의사를 표현하다가 의미 있는 단어의 발음을 할 수 있으려면 많은 과정을 필요로 한다. 생후 첫 1개월은 유일한 의사소통 수단이 울음이다. 늘 곁에 있는 엄마나 양육자조차도 왜 우는지 구별하지 못할 때가 많다. 이 시기의 울음은 배가 고파서, 아파서, 기저귀가 젖어서 우는 경우가 대부분이다. 생후 1개월이 지나면 울음의 강도, 높낮이, 패턴 등이 분화되어 나타나므로 늘 가까이 있는 양육자는 아이가 왜 우는지 구별할 수 있다. 생후 2개월이 지나면 울음 이외의 소리를 내게 된다. 목 부분을 이용해서 "그……" 혹은 "쿠……"와 비슷한 소리 내기를 시도한다. 언어학자들은 이러한 행동을 쿠잉(Cooing)이라고 한다.

쿠잉의 단계를 지나 신경 근육이 발달하면서 옹알이가 나타난다. 자음과 모음이 합성되어 "바바", "다다", "마마" 등의 소리를 옹알거린다. 옹알이는 생후 6개월 이후 자주 나타났다가 생후 1년이 지나면 점차 감소한다. 옹알이 시기에는 여러 가지 몸동작을 병행하여 의사소통을 한다. 싫다는 표현을 할 때는 고개를 좌우로 흔들고, 먹기 싫은 음식은 혀로 밀어내기도 한다.

12개월, 말문이 트이다!

생후 1년쯤 되면 아이는 한 단어를 말할 수 있다. 정확한 발성으로 "아빠!" 혹은 "엄마!"라는 말을 들은 엄마 아빠는 감격하여 돌잔치를 열어주게 되는 것이다. 대부분의 아이들은 '엄마'나 '아빠'를 우연히 발음하여 부모를 놀라게 한다. 아이들이 가장 먼저 하는 말은 윗입술과 아랫입술이 부딪히면서 발음되는 단어들인데, 우리말의 엄마, 아빠, 맘마, 영어의 마미, 독일어의 무터 등의 단어를 보면 그 발음과 의미가 매우 유사하다는 것을 알 수 있다.

그렇다고 모든 아이가 자신의 돌잔치에서 엄마 아빠를 말할 수 있는 것은 아니다. 빠른 아이는 더 많은 단어를 말할 수 있고 늦은 아이는 한마디도 하지 못한다. 한마디도 하지 못하면 부모는 조바심을 내는데 기다려주는 자세가 필요하다. 신경구조나 청각 등에 특별한 문제가 없다면 머지않아 사랑스러운 목소리로 엄마 아빠를 외치게 될 것이다. 일반적인 통계에 따르면 남자아이가 여자아이보다 언어발달이 늦다고 한다. 언어와 신체 그 밖의 발달은 일정한 순서에 따르지만 개개인의 성장 속도와 시기가 다르다는 것을 인정해야 한다.

언어는 '울음-쿠잉-옹알이-한 단어-두 단어-문장'의 순서를 따르며 신체는 '기기-앉기-서기-달리기'의 순서를 따른다. 옹알이 이전에 단어를 말할 수 없으며, 설 수 없는 아이가 달리기를 할 수 없다. 책에 있는 월령은 평균적인 수치에 불과하다. 개인차를 인정하고 느긋하게 기다려주는 부모가 조급함을 참지 못해 발음을 강요하는 부모보다 바람직하다.

20개월, 두 단어를 말할 수 있다

한 단어씩 말하던 아이는 생후 20개월쯤이 되면 두 단어를 함께 말할 수 있게 된다. 주축이 되는 핵심 단어만 말하기 때문에 전보식 언어라고 한다. 이 시기에 부모가 할 일은 무엇일까? 그것은 아이의 말에 대해 반복, 확장, 의미 부연 등의 기술을 적용시키는 것이다. 아이가 "아빠 가방"이라고 했을 때 "뭐? 아빠 가방이 어쨌다는 거야?"라는 반응은 바람직하지 못하다. 발음이 분명하지 못한 경우에는 "아빠 가방?" 하고 한 번 더 말하는 반복의 기법을 사용하고, "응, 아빠 가방이 있구나" 하면서 아이의 말을 확장시켜준다. 또는 "아빠 가방이 여기 있으니까 아빠가 들고 가야겠네, 그 말이 하고 싶었어?" 하고 의미 부연을 해준다. 이러한 과정에서 어린이는 전보식 언어에서 벗어나 조동사, 관사, 전치사와 같은 기능어의 사용법을 익히게 된다. 자신의 의도를 알아주는 부모에 대한 신뢰감과 친근감이 형성된다.

아이의 말을 반복, 확장, 의미 부연시켜주고 기회가 있을 때마다 아이에게 많은 말을 해주자. 수다스러운 부모에게서 성장한 아이들이 말을 잘하고 지능도 발달한다는 연구가 있다. 일상생활 속에서 많은 말을 듣고 성장하는 아이들은 이해 어휘가 많아지기 때문이다. 아이를 안고 건널목을 건널 때 아무 말 없이 건너지 말고 "자, 여기서 건너가자. 초록불이 켜졌지? 초록불이 켜질 때만 건너가는 거야. 저기 봐, 초록불이 깜빡깜빡하고 있네. 빨리 가야겠다"라고 말하면서 가보자. 말을 못하는 아이지만 이런 기회가 반복되면 초록색에 대한 친근감이 생기고, 질서 교육 등이 저절로 이루어질 것이다.

똑똑하고 유능하게 키우는 방법은 평소 엄마 아빠의 태도에 달려 있다. 이렇게 많은 말을 해주고 좋은 어법으로 모범을 보이는 것이 자라서 논술 학원 열 곳에 보내는 노력보다 값지다. 이 시기 언어가 토대가 되어 어휘 수, 발표력, 문장구성력 같은 것들이 형성되기 때문이다.

말을 배우는 시기에 또 하나 중요한 것은 아이가 부모의 어투를 모방한다는 것이다. 흔히 아들은 아빠의 말투를, 딸은 엄마의 말투를 모방한다. 아들을 기르는 아빠는 특히 언어 행동에 유의하자. 모방이 심한 아이들은 마치 엄마 아빠의 축소판처럼 성장하기 때문이다.

연령별 언어발달

- 1개월 : 보고 웃는다.
- 2개월 : "그…" 혹은 "쿠…"와 비슷한 쿠잉을 시도한다.
- 3개월 : 옹알이를 시작한다.
- 4개월 : 큰소리로 웃는다. 리듬 있는 옹알이가 활발해진다.
- 7개월 : '마', '바' 자음 소리 같은 단음절 소리를 낸다.
- 10개월 : 이름을 부르면 반응을 한다.
- 12개월 : '엄마', '아빠' 같은 한 단어를 말한다.
- 15개월 : 신체 부위 이름을 말한다.
- 18개월 : 그림을 보고 이야기하는 흉내를 낸다.
- 24개월 : 두 단어를 연결하여 말한다.
- 36개월 : 세 단어를 연결하여 말한다.

책은 언어발달에 가장 좋은 놀잇감

말을 배울 때 가장 좋은 놀잇감은 연령에 적합한 책이다. 어떤 책을 고르면 좋을지 살펴보자.

첫째, 한 질로 된 것보다는 낱권으로 사주는 것이 좋다.
많은 가정에서 한 질로 된 몇 십 권의 책을 구입하여 몇 해씩 책장에 진열해 놓는다. 만약 한 질로 책을 구입했다면 아이의 눈에 띄지 않는 곳으로 옮겨 놓고 2주에 한 번 정도 낱권으로 제시하여 변화를 줘 보자. 아이들의 흥미는 지속 시간이 짧기 때문에 늘 같은 장소에 같은 방식으로 놓여 있는 책에는 무관심해질 수밖에 없다. 오랜 기간 동안 똑같은 책을 내주는 것도 싫증을 낸다. 낱권으로 제시하고 가능하면 표지나 그림 등이 보이게 진열해 놓는다.

둘째, 아이의 흥미나 발달 수준에 맞는 책을 줘야 한다.
만 1세 이전에는 물체를 인식하는 데 도움을 주는 사물 그림책이 적당하다. 일반적으로 아이들은 생후 10개월부터 그림책에 관심을 보인다. 만 1세의 아이는 색깔을 알아볼 수 있으며 이제 막 한 단어를 말할 수 있는 발달 수준에 와 있다. 아이의 어휘 수를 늘려주고 사실적인 그림을 통해 물체를 확인하는 수준이 좋다. 책을 통해 익숙해진 대상을 실제 상황에서 확인하고 주변 세계를 재발견한다. 주로 동물, 교통기관, 과일, 꽃 등의 주제로 이루어진 책들이 많다. 한 페이지에 그림 한 가지와 그림을 나타내는 이름이 담겨 있다.

만 1~2세는 언어발달이 촉진되고 기본 생활습관 형성에 도움을 주는 내용이 좋다. 2세에 도달하면 한 번에 두 단어 이상을 말하며 자신의 욕구를 표현할 수 있다. 언어발달이 급속도로 이루어지는 시기이며 남의 말을 흉내 내려고 하고 책의 내용을 종알거리면서 마음대로 읽는다. 1세 이전에 적합한 책이 사물의 이름을 의미하는 명사 중심이라면 1세 이후의 책은 행동 묘사가 포함된 동사 중심인 것을 고른다. 맛있게 먹는다, 즐겁게 춤을 춘다 등 행동 묘사가 포함된 것이 좋다. 반복 구성과 재미있는 문장이 들어있는 책은 여러 번 읽어주기를 권한다. 만 2~3세에는 상상력과 호기심이 크게 발달하고 익숙한 책들은 암송한다. 상상력을 키워주는 내용, 주변 세계를 재미있게 각색한 내용 등이 좋다.

셋째, 그림책을 부모와 함께 읽는 것이 좋다.

부모가 책을 읽어줌으로써 언어발달이 촉진되고 어휘력도 늘어난다. 아이를 무릎에 앉혀 놓고 책을 읽어주면 상호간의 피부 접촉의 기회가 되어 애착 관계가 강화된다. 그림책은 다른 놀잇감과 마찬가지로 아이에게 즐거움을 줘야 하며 부모와 함께 읽는 동안 행복한 상상 속에 빠져들게 도와줘야 한다. 부모가 읽어주는 이야기를 귀로 듣고 책 속의 그림을 눈으로 보면서 아이는 상상의 세계에 빠져든다. 줄거리는 어린이가 쉽게 동화될 수 있는 것을 골라줘야 한다. 아이와 함께 책 읽기 활동을 하는 부모는 책을 통해 글자나 숫자를 익혀야 한다는 생각을 하지 않는 것이 좋다. 지식 습득의 수단으로만 사용할 경우 학습에 흥미를 잃게 하는 역효과를 가져올 수 있다. 지능의 발달은 호기심으로부터 시작되며 무조건 많은 지식을 넣어준다고 해서 발달하는 것이 아니다. 유아기에 쉴 새 없이 많은 것을 가르치는 것보다는 생각하는 힘을 길러주어 훗날 창의적 사고와 문제 해결력을 가진 사람으로 성장하게 하는 원천을 만들어주는 일이 더 중요하다.

06 EBS 라디오 멘토 부모

배변 훈련이 내 아이의 성격을 결정한다

26개월 딸아이의 배변 훈련을 시작했는데요. 너무 이른 걸까요? 큰애는 20개월 전후로 완전하게 잘 가렸는데요. 둘째는 소변을 잘 가리다가도 한 번씩 바지에 실수를 합니다.

이럴 땐 이렇게

아기의 모습을 떠올리면 기저귀를 차고 뒤뚱거리는 장면이 생각날 것이다. 문명사회에서 길러지는 사람이라면 누구나 기저귀를 차고 있는 상태로 아기의 시절을 보낸다. 그럼 기저귀는 언제 떼는 것이 좋을까? 스스로 "엄마, 나 이제는 그만해도 될 것 같아. 너무 덥고 답답하니까 그만 할래요"라고 말하면서 벗어주면 좋겠지만 부모가 도움을 줘야 하고 스스로 배변을 할 수 있게 양육 과정이 있어야 한다. 인간의 삶 속에서 배설은 참 중요한 부분이다. 성인도 배변을 하지 못하면 정서가 불안해지고 당장 어려움에 처할 뿐만이 아니라 생활에 지장을 갖게 된다. 이렇게 중요한 배변의 부분이 영유아기에 그 기초가 형성되는 것이니 정말 잘 지도되어야 한다.

배변 훈련은 언제 어떻게 할까?

배변 훈련을 통해 성격이 형성되고 집단생활 적응에 영향을 미치기도 한다. 아직 준비되지 않은 너무 빠른 시기에 변기를 들이대고 강요하면 근육이 긴장되어 훈련의 시기가 더 많이 걸리고 강박증이 생기기도 한다. 너무 늦은 나이까지 방치하고 기저귀를 찬 채로 방치하면 친구들은 모두 기저귀가 없는 상태로 뛰어다닐 때 혼자만 펑퍼짐하고 둥근 엉덩이를 가진 채 놀림을 받고 자아개념에 상처를 입으면서 성장하게 된다.

배변 훈련의 핵심은 자연스러움이다. 너무 빠르지도 않고 늦지도 않은 시기에, 너무 강박적으로 강조하지도 말고 너무 방치하지도 말아야 한다. 부모란 참 어려운 직업임을 실감하는 조언일 뿐이지만 아이에게 뭔가를 가르칠 때마다 강조하는 원칙임을 밝힌다. 이러한 원칙에 맞는 시기와 방법을 살펴보기로 하자.

가장 자연스러운 시기가 대략 생후 18개월에서 24개월 무렵이다. 생후 15개월 이전에는 거의 자동적으로 변이 배출되며 전적으로 기저귀에 의존하는 시기이다. 이 시기에는 쾌적한 기저귀의 상태를 유지해주는 것이 좋은 배변 훈련 방법이다. "젖어서 축축하지? 갈아입혀줄게, 갈아입으니까 뽀송하고 기분 좋지?" 등의 말로 젖지 않은 상태가 좋음을 알려주면서 보살핌의 애정을 느끼게 한다. 아이가 변의를 자각하게 되고 "엄마 쉬" 혹은 "응가" 등의 말을 하거나 변기를 가리키는 능력이 될 무렵 변기에 대한 관심을 유도하거나 "잠자기 전에 쉬 하고 잘까?" 등의 질문으로 훈련 과정을 유도해 본다.

대략 24개월 이후가 되면 대소변 가리기가 가능해지는데 아직도 잦은 실수가 당연한 나이이기 때문에 여벌의 옷을 준비하고 자연스럽게 대한다. "젖었구나, 너무 신나게 놀다가 변기에 앉을 시간이 지났구나", "엄마가 알아차려주기 전에 쉬가 나와버렸구나. 괜찮아, 갈아입으면 돼" 등의 말로 격려하며 따뜻한 태도로 갈아입혀준다. 변기나 화장실 근처에서 실수가 일어났으면 "혼자 해 보려고 했구나"라는 말로 격려와 칭찬을 한다.

만 3세가 지나면 약 70%의 아이들이 소변 통제가 가능하다. 이는 30%는 아직도 잦은 실수를 한다는 뜻이기도 하다. 여전히 실수에 너그러움이 필요하다는 해석을 덧붙이고 싶다. "엄마에게 말하면 변기를 준비해줄게", "화장실에 데려가줄게" 등의 말로 배변 의사표현을 하도록 유도하고 뒤처리를 도와주는 일 외에는 스스로 하게 한다.

청결을 지나치게 강조하지 말고 자연스럽게!

아이들마다의 신체 성장의 정도에 따라, 여자아이인지 남자아이인지에 따라-여자아이가 좀 빠른 경향이 있다-자라고 있는 환경에 따라 개인차가 있고 시기가 다르기 때문에 그 시기를 선택하는 데 융통성을 가질 필요가 있다. 생후 24개월이 되었으니 시작해도 되겠다는 것보다는, "엄마 쉬"라고 의사표현이 될 때 시작하는 것이 좋다. 지도 방법은 '자연스럽게'가 정답이다. 엄마가 변기를 사용하는 모습을 보거나 아빠가 변기 앞에 서서 어떻게 하는지 생활 속에서 자연스럽게 접하면서 다 할 수 있게 되므로 조바심을 버려야 한다.

지나친 청결을 강조하면 청결에 대한 강박 때문에 결벽증을 가진 피곤한 사람으로 성장할 수 있고, 너무 지나치게 시간을 강조하며 일정한 시간에만 기저귀를 갈아주거나 변을 보게 하면 1분 1초에도 신경을 쓰는 강박적인 성격으로 성장한다고 한다. 아이는 무의식중에 배설물을 자신의 작품으로 보며, 엄마나 양육자의 태도가 자신의 작품에 대한 태도라고 생각한다고 한다. 창의적인 아이, 리더십 있는 아이로 자라게 하려면 내 아이의 배설물을 보고 "정말 잘했구나!", "시원하지?", "멋진 모양이야, 오늘도 색이 아주 좋아, 잘 했어" 아낌없이 칭찬해야 한다.

성교육 효과도 누릴 수 있는 대변 훈련

대변 훈련으로 성교육도 자연스럽게 실시된다. 대변 훈련의 단계를 거치면서 언어가 급속도로 발달하고 신체 여러 부분의 이름이나 남녀의 신체 차이에 관심을 갖는다. 아이가 자신의 성에 대해 긍정적으로 수용할 수 있도록 "너는 고추도 없는 여자야", "나는 딸을 낳고 싶었는데 너는 아들이야" 등의 부정적인 말은 피하는 것이 좋다.

3세 정도가 되면 성의 전반적인 것에 관심을 표명하고 친구, 누나, 부모 등 타인의 생식기를 보고 싶어 하는 호기심이 나타난다. 우연한 자극에 흥분되는 경험을 하게 되는 아이도 있다. 병원놀이와 같이 신체를 탐색할 수 있는 놀이를 하고 싶어 한다. 이러한 시기의 아이들이 정상적인 성적 호기심을 이해하고 자연스러운 태도로 성에 대해 이해하도록 도와준다.

아이들의 성에 대한 궁금증은 아이의 출생, 결혼, 남녀의 신체 차이, 성 역할 등에 대한 것이다. 아이들이 성에 관한 질문을 하면 당황하지 말고 진지하게 다 들어준 후 "어른이 되면 여자는 가슴이 커진단다", "엄마와 아빠는 서로 사랑했기 때문에 결혼했어", "엄마 아빠가 서로 사랑해서 너를 낳았단다", "엄마 배 속의 아이집에서 살다가 태어났단다", "팬티는 중요한 곳을 보호하기 위해 입는 거야" 등 자연스러운 말투와 진실한 태도로 답한다.

아이들의 성에 대한 정체성은 대개 2~3세에 남자와 여자라는 명칭 붙이기에서 시작된다. 외모나 행동에 관계없이 여자는 남자가 될 수 없고 남자는 여자가 될 수 없다는 것을 이해하려면 6세 이후가 되어야 한다. 일상생활 속에서 동성 부모의 행동을 보고 자연스럽게 배운다. 〈마이키 이야기2〉라는 영화를 보면 엄마와 아빠가 아이에게 남녀의 차이를 인식시키는 과정이 나온다. 대소변 훈련을 시키면서 소변 보는 자세를 직접 보여주고 책에 있는 사람들의 사진을 소재로 구별시키는 장면이 재미있게 그려져 있는데 참고할 수 있다.

자발성과 독립심이 리더십으로!

스스로 하도록 유도하면서 자발성과 독립심을 키워주면, 성장한 후 리더십이 뛰어난 아이로 자란다. 배변 훈련 과정의 칭찬과 배려가 자신감을 키워줘 성장한 후에 발표도 잘하고 리더의 기질을 가진 아이로 자란다. 발표력을 길러주는 학원, 고액의 리더십 과정에 보내지 않아도 이 시기에 형성된 자신감은 정말 소중한 자산이 된다.

인간은 태어날 때 그 형상만 인간일 뿐 말도 하지 못하고 스스로 걷지도 못한다. 돌이 지나서야 인간의 가장 중요한 특성인 말도 하게 되고 두 발로 설수 있게 되는 직립보행도 할 수 있게 된다. 돌이 지나고 만 2세에 이르면서 그동안 인간으로서의 자신감에 마지막 장애였던 기저귀를 뗄 수 있게 된다. 스스로 걸어 다니며 두 단어 정도를 이어서 자신의 의사표현을 하게 되는 능력과 함께 기저귀를 떼고 홀가분해지는 기분이 곧 자신감으로 연결된다. 뭐든 다 할 수 있을 것 같아 이 시기의 아이들은 많은 상황에서 "내가 할 거야"라고 외치며 고집불통이 되어 간다. 스스로 하고자 하는 욕구가 강하게 일어날 때 혼자 재우는 공간도 마련해주고 뭐든지 직접 해 보는 기회를 주는 등 리더십 훈련 과정으로 활용해 볼 수 있다.

07 혼자 재우기는 충분한 준비가 필요하다

EBS 라디오 멘토 부모

올해 7살이 된 아이가 있습니다. 혼자 재워야 할 것 같아 방도 꾸며 줬는데요. 여전히 제 옆에서 잡니다. 언제부터 혼자 재우는 게 좋을까요?

이럴 땐 이렇게

아이가 어릴 때는 아빠 엄마와 같은 방을 사용하는 것이 좋다. 아이를 독립된 공간에 재우는 서양의 육아법이 잘못되었다는 지적이 많아졌고, 적어도 대소변 훈련이 끝나고 아이 스스로 혼자 자보려는 시도가 이루어질 때 독립시키라는 논의가 이루어지고 있다.

아이에게 독립된 공간을 주고 싶을 때 여건이 허락하면 여러 가지

요인을 고려하여 꾸며주자. 아이가 어릴수록 아빠 엄마가 잠자는 방과 직접 연결되는 공간이 좋다. 자다가 깨어난 아이가 즉시 아빠 엄마를 보고 안정을 찾아야 하며 아이의 안전을 위해서도 부모가 쉽게 볼 수 있는 장소가 좋다. 독립된 공간에 재우기 시작하는 초기에는 부모의 방과 아이 방 사이의 공간에 부드러운 조명의 불을 밝혀주어 화장실에 가기 위해 일어났을 때나 잠이 깨었을 때 공포심을 덜어주어야 한다.

어린아이도 자신만의 장소에서 안도감을 느끼며 소유에 대한 자신감을 느낀다. 자신의 방을 가질 수 없는 상황이라면 아무리 작고 비좁더라도 자신의 것이라고 생각할 수 있는 공간을 마련해준다. 성인의 영역중 방 한구석을 내어주고 혼자 즐길 수 있는 장소를 줄 수도 있다. 다른 사람과 함께 쓰는 공간이라면 아동의 물건을 일정한 장소에 배치해준다. 화장실에 아동 수건과 아동 칫솔도 한자리에서 두고 가족 식탁의 위치도 일정한 자리를 정해준다. 아직 남과 나눌 수 있는 사회적 성장이 미숙한 상태이므로 자기가 원하는 대로 이루어지는 일정한 공간은 아이에게 안정감을 준다.

아이 방, 안전하고 아이답게!

아이 방을 꾸며주는 기본 원칙은 안정성, 간명성, 아이다움으로 생각해 볼 수 있다. 신체 각 기능의 발달이 미숙한 아이들이 넘어지거나 움직이는 과정에서 다치는 일이 없도록 안전이 우선되어야 한다. 모서리가 날카롭거나 위험한 설비와 가구는 제거한다.

편의성을 고려하고 안정된 느낌을 주려면 벽지, 바닥, 가구의 배치 등이 간명해야 한다. 인테리어 책자를 보면 무늬가 많은 벽지를 사용하도록 권하고 있다. 그림을 보고 즐기면서 학습을 하고 얼룩이 쉽게 나타나지 않아 청결한 분위기를 유지하기에 좋다고 한다. 그러나 필자는 반대의 생각을 가지고 있다. 아이 방의 벽지나 천정을 온통 커다란 동물 문양이나 꽃무늬로 처리해줄 경우 전체적인 분위기가 현란할 뿐만 아니라 아이의 눈길을 끌어야 할 놀잇감이나 책이 쉽게 눈에 들어오지 않는다. 아이들의 의상도 귀여운 무늬의 옷감들이고 놀잇감의 색상들도 빨강노랑파랑초록 등 강렬한 색상이 많다. 아이가 중심이 되고 그 아이가 가지고 놀 놀잇감이 눈에 띄도록 기본 마감재는 차분하고 단순한 것이 좋다고 본다.

색상이나 디자인을 아이답게 선택한다. 띠벽지나 촉각 카드, 그림 등의 장식을 해주고 싶으면 아이의 눈높이에 맞춰준다. 지능 및 여러 기능의 발달을 위해 매력적인 방법으로 시각적 자극을 준다. 벽, 문, 가구의 한쪽 면에 그림, 숫자판, 낱말카드 등을 제시하고 자주 바꿔준다. 아이가 좋아하는 헝겊 인형이나 커다란 동물 그림을 일정한 곳에 배치해주면 혼자 있을 때의 공포감을 덜어준다.

가구 배치는 공간 확보가 용이하게

아이의 방은 많은 놀잇감 때문에 복잡해 보이기 쉬우므로 공간의 색채를 통일하여 안정감을 느낄 수 있게 한다. 기본 색상을 부드럽고 차분한 느낌의 옅은 색으로 해주면 놀잇감이나 작은 가구가 쉽게 눈에 들어온다. 손자국이나 크레파스 자국을 쉽게 물로 지울 수 있는 벽지를 선택한다.

아이 방을 따로 꾸밀 때는 침대, 옷장, 놀잇감 정리장들이 필요하다. 성인용 가구로 방을 정리하면 놀 수 있는 공간이 줄어들 뿐만 아니라 가구에 압도당하는 분위기가 된다. 여유가 된다면 어린이용 가구를 배치한다. 책을 좋아하는 아이라면 가로 형태로 책을 꽂을 수 있는 유아용 책꽂이를 준비해줘도 좋다. 패브릭으로 만든 미니 책꽂이에 꽂아 놓고 쉽게 꺼낼 수 있게 수납하거나 침대 머리 쪽에 선반을 만들어서 책을 올려놓아줄 수도 있다.

이동이 용이한 형태의 가구를 구입하면 상황에 따라 쉽게 배치를 바꿔줄 수 있다. 가구의 재질과 색상을 동일한 것으로 선택하면 안정감을 느끼는 데 도움이 된다. 침대 밑에 아이옷이나 물품을 정리할 수 있는 수납공간이 있으면 보다 정돈된 느낌의 방을 만들 수 있다.

아이의 방은 잠을 자고 놀이도 하는 여러 가지 용도의 공간이기 때문에 가구를 한쪽으로 배치하여 아이가 움직일 수 있는 공간을 넓게 확보해준다. 여러 가지 물건들이 바닥에 놓이면 안정감도 떨어지고 놀이공간에 제약을 받게 되므로 가능하면 바닥의 공간을 최대로 확보해주는 것이 좋다.

창과 바닥은 안정성을 고려한다

창문은 아침에 햇살을 많이 받는 방향으로 결정한다. 오후 낮잠 시간에 방해받지 않으면서 오전의 놀이시간에 밝은 햇빛을 확보할 수 있다. 환기 장치보다는 통풍으로 공기를 신선하게 유지시켜준다. 가능하면 아이가 창문 밖의 풍경을 내려다볼 때 즐길 거리가 있는 길 쪽의 창문을 열어준다. 반드시 안전이 전제되어야 한다.

바닥에 카펫이나 면 패드 등을 깔아주면 아이가 넘어졌을 때 손상을 막아주고 소음을 흡수해준다. 반면에, 세균이나 먼지를 보유하게 되므로 청결 유지에 세심한 주의를 기울여야 한다. 장난감의 정리나 청소에 아이를 포함시킨다. 부모와 함께 종잇조각을 줍고 쓰레기통을 비우고 먼지를 터는 과정에서 아이는 자기 공간에 대한 사랑과 책임감을 배우며 성장한다. 만 3세 이상이 되면 정리정돈의 개념이 형성되는 시기이므로 정리장을 손이 닿는 곳에 배치해주고 정리하는 방법을 꾸준히 가르치면서 훈련시킨다.

08 EBS 라디오 멘토 부모

유아기의 공부법은 놀이, 놀잇감 선택이 중요하다

만 9개월 된 우리 아이는 장난감보다는 만지지 말았으면 하는 것을 훨씬 더 좋아해요. 그릇이나 보관 용기 같은 거요. 좋은 장난감도 필요하지만 엄마가 공감하면서 놀아주는 것이 더 좋은 것 맞죠?

이럴 땐 이렇게

유아교육 이론서, 육아 관련 방송, 전문가의 주장들을 모아 보면 아이의 공부법은 놀이의 형태로 진행되어야 한다고 말한다. 놀잇감이나 구체물을 만지며 노는 동안 감각을 통해 배운다고 한다. 그렇다면 어떤 놀잇감을 골라줘야 할까?

장난감의 홍수 시대라고 해도 과언이 아닐 만큼 많은 놀잇감을 볼 수 있다. 아이는 언어적 수단을 통해서보다 놀이를 통해 더 많은 것을 쉽게 습득한다. 놀이는 아이의 성장 과정에 절대적으로 도움이 되는 활동이다. 아이의 놀이에 필요한 놀잇감을 어떤 목적으로 구입하는가에 대한 계획을 세우고, 연령과 능력에 적절한 놀잇감을 선택해줘야 할 것이다.

놀잇감, 어떻게 고를까?

최우선으로 고려해야 할 요소는 안전, 연령별 발달의 적합성, 교육적 효과이다.

어른들의 부주의로 위험 요소에 방치되는 일이 없도록 놀잇감의 소재나 성분, 견고성, 사용 방법, 상해나 질식의 위험, 교육적 효과 등을 꼼꼼히 살펴본 후 제공한다. 작은 부품이 분리되어 삼킬 수 있는 것, 핀 등으로 찔러 만든 것, 모서리 부분이 날카로운 것, 입으로 빨면 색깔이 묻어나는 것, 사행심을 조장하는 것, 아이의 능력에 맞지 않아 좌절감을 주는 것은 피한다.

선택에 자신이 없으면 품질 표시를 확인하고 구입 여부를 결정한다. 상표, 재질, 해당 연령, 주의점이 명기되어 있다. 공업진흥청 인정 마크인 검자나 품자, 생활용품 검사소 인정 마크인 Q자가 있으면 품질 검사에서 합격했다는 표시이다. 수입품인 경우 미국은 ASTM이나 CPSC, 일본은 ST, 유럽은 CE를 확인한다.

연령별 발달 단계에 따른 놀잇감

각 연령별 발달 단계에 따라 적절한 놀잇감의 종류는 다음과 같다.

- 0~1세: 신체 발달의 획기적인 변화를 겪는 시기이므로 감각 기능과 같은 신체 발달을 위한 놀잇감이 좋다. 특히 물건의 움직임이나 소리를 즐긴다. 오감의 발달을 위한 놀잇감을 준비해주자. 요람이나 벽에 붙이는 장식품들, 노래가 나오는 장난감, 스펀지와 같은 물놀이용 놀잇감, 안전하게 고정되는 유아용 거울, 색깔이 있는 모빌, 딸랑이, 뮤직 박스, 움직일 때 소리가 나는 것, 장난감 전화기, 맞춰지면 소리가 나는 단순 퍼즐, 오뚜기, 헝겊 인형, 치아발육기 등이 필요하다.
- 1~2세: 단순 조작이나 구성에 관심을 갖고 반복을 즐기는 시기이다. 호기심이 많아 물건들을 무분별하게 만지고 싶어 한다. 노래에 관심을 가지며 음악적 표현을 하고 싶어 한다. 건반을 누르면 다양한 소리가 나는 것, 북과 같은 기본적인 타악기, 밀고 다니는 소형 자동차, 그림 카드, 공, 간단한 맞추기 기능이 있는 각종 블록 등을 준다.
- 2~3세: 아이의 상상력이 발휘되는 시기이며, 움직임을 관찰할 수 있고 스스로 움직이며 놀 수 있는 놀잇감을 원한다. 실로폰과 같이 소리가 나거나 나무 블록, 사실적인 분위기의 소꿉놀이, 단순한 연결 장치가 있는 기차, 도화지, 크레파스, 단순한 그림 맞추기 퍼즐, 밀고 당기는 장난감, 던질 수 있는 가벼운 공을 준다.
- 3~4세: 상상력이 발달하기 때문에 역할 놀이를 즐긴다. 친구와 노는 경험을 통해 협동하는 것을 배울 수 있다. 흉내 내기를 통해 두

려움을 극복할 수 있는 병원놀이 도구, 눈과 손의 협응력을 길러주는 볼링세트나 고리 던지기, 공구 세트, 타고 다닐 수 있는 작은 차, 비행기나 보트 등 모형 장난감, 농구공과 바스켓, 플라스틱 야구방망이, 화장대 등을 준비해준다.

- 4~5세: 섬세한 조작을 할 수 있으며 규칙을 이해할 수 있고 남아와 여아를 구별한다. 정서적인 감수성과 음악성이 길러진다. 바느질을 할 수 있는 것, 블록, 점토, 공구놀이, 퍼즐, 합체 가능한 로봇, 옷을 갈아입힐 수 있는 인형, 노래 부르기 기능을 할 수 있는 것 등을 준비해준다.
- 5~6세: 주의력과 인내심이 증가하고 개인적인 기호가 생기면서 놀잇감도 취향대로 고르려 한다. 성취감을 주는 것이 좋으며 유아가 마음대로 구성할 수 있는 놀잇감이 필요하다. 변신 로봇, 규칙과 점수가 있는 놀잇감, 실물과 비슷한 모양의 자동차, 무선 자동차, 음악이나 동화를 들을 수 있는 카세트, 미술 용구들을 준비해준다.

똑같은 놀잇감도 어떻게 놀아주느냐에 따라 효과는 달라진다. 놀잇감을 어떻게 제공하는가에 따라 교육적 효과도 달라진다. 바람직한 제공을 위하여 몇 가지 유의사항을 생각해 보자.

싫증을 내지 않도록 교환해준다. 한꺼번에 많은 양을 주지 말고 호기심을 유발시키도록 품목을 바꿔서 제공한다. 동적인 것과 정적인 것을 적절히 균형을 이루도록 주고 가능하면 스스로 선택하여 놀게 한다. 자발성에 근거할 때 놀이의 즐거움과 교육적 효과는 배가 된다.

아이가 활동을 못할 경우 성인이 힌트를 줄 수 있다. 나무토막을 가지고 노는 아이가 3세이면 나무토막을 운반하는 놀이, 4세이면 탑 쌓기, 5세이면 다양한 모양으로 쌓기, 6세이면 집 짓기 등으로 놀이에 동기 유발을 시켜준다. 동일한 놀잇감으로도 아이의 능력에 따라 다양하게 가지고 놀 수 있다. 유능한 부모는 아이가 할 수 있는 것과 하지 못하는 것을 파악하여야 한다. 아이가 함께 놀면서 관찰하는 것이 아이의 능력을 이해하는 지름길이다. 놀잇감을 가지고 논 후 스스로 주변 정리를 하도록 해서 바른 생활습관을 형성시킨다. 아이의 방에 정리할 공간을 마련해주고 자신의 물건을 담아 보게 한다.

아이의 놀잇감은 자주 닦아 청결을 유지한다. 봉제 인형의 경우 세탁을 한 뒤에 물기를 완전히 말려준다. 세탁을 하거나 닦아줄 때는 입으로 빨아도 무해한 세제로 빨아야 한다. 나무나 플라스틱 소재로 된 놀잇감은 세제를 푼 미지근한 물에 담가두었다가 부드러운 천이나 스펀지로 닦아준다.

연령별로 적합한 놀잇감뿐만 아니라 자연물이나 일상생활용품으로도 놀이가 가능하다. 나뭇잎 크기대로 놓아 보기, 숟가락과 젓가락을 짝 짓기, 신발 짝 짓기 등 주변에서 흔히 볼 수 있는 구체물을 통한 활동은 어떤 방법으로 제시해주는가에 따라 교육적 효과가 높은 놀이가 될 수 있다.

09 EBS 라디오 멘토 부모

목욕 시간이 아이의 평생 습관을 만든다

쌍둥이 아이들 목욕은 아이 아빠가 책임집니다. 참 좋은 아빠죠? 근데 할 때마다 힘들어 해요. 목욕 시키는 일도 요령이 있는지 궁금합니다. 또 아이들 목욕은 아빠가 시켜주는 게 좋다고 하던데 맞는 건가요?

이럴 땐 이렇게

세 살 버릇이 여든까지 간다는 말이 있지만 아이를 키우다 보면 버릇이라고 할 수 있는 기본 생활습관은 출생부터 시작된다. 신생아 때부터 엄마 아빠가 먹여주고 입혀주고 하는 과정을 통해 음식의 기호 형성과 식사 예절이나 식습관, 의생활 습관, 청결 습관 같은 부분이다 만들어진다고 해도 과언이 아니다.

식사하는 시간을 통해 골고루 먹기, 바르게 앉아서 먹기, 식기의 사용법, 식사 후 자리 정돈, 식사 전후 감사 인사하기 같은 내용이 지도되어야 한다. 계절이나 상황에 맞게 옷 입기, 단정하게 입기, 깨끗하게 입기 같은 내용은 옷을 입고 벗는 시간에 지도되어야 한다. 이러한 기본 생활습관과 함께 청결 개념은 가정에서 목욕을 시켜주는 과정에서 지도될 수 있다. 청결에 관한 부분뿐만이 아니라 다양한 교육적 효과를 볼 수 있는 시간이 바로 목욕 시간이다.

아이와 함께하는 목욕 시간

1. 출생 후 목욕 시간

출생 후 일정 기간은 아이욕조에서 조심스럽게 목욕을 시켜야 한다. 목조차 가누지 못하는 아이를 혼자 씻기는 일은 엄마를 불안하게 하고 힘들게 만들기도 한다. 목욕시키기도 아빠와 함께하는 것이 좋겠다. 저녁 식사를 마치고 휴식을 취하거나 뉴스 프로그램을 시청한 후쯤 차분한 마음으로 새로운 가족 관계를 만들어 보자. 특히 밤에 잠을 자지 않아 엄마 아빠를 힘들게 하는 아이라면 늦은 시간의 목욕은 효과적인 처방이 된다.

어릴 때 인형을 가지고 소꿉놀이하던 때를 기억해 보자. 성인의 행동을 모방하는 엄마 아빠놀이는 얼마나 재미있었던가. 선망하던 그 역할을 현실에서 해 볼 수 있다는 생각을 하면 즐겁고 기분 좋은 시간이 될 것이다.

팔꿈치를 담가 보고서 적당한 온도의 목욕물을 준비해 놓고 아이의 옷을 하나씩 벗긴다. 아빠나 엄마 중 한 사람이 아이를 물 위에 눕히는 것처럼 등과 목을 받쳐주고 다른 한 사람이 아이를 씻겨준다. 머리를 감겨주고 얼굴을 닦아주고 목, 등, 엉덩이, 가슴, 손, 발 모든 부분을 깨끗이 닦아준다. 콧속이나 귓속은 면봉으로 닦아준다. 이러한 과정에서 아이에게 부드러운 목소리로 말을 건넨다. "얼굴을 씻어줄게", "발가락이 예쁘구나", "이제 마른 수건으로 닦자" 등 과정을 얘기해줘도 좋고, "아빠는 네가 보고 싶어서 빨리 집에 들어왔단다"라고 하거나 "목욕하고 나니까 더 예쁘네" 등의 일상적인 말로 사랑을 표현한다. 아이에게 사랑을 전하는 가장 확실한 방법은 피부 접촉(Skinship)이다. 목욕시키기를 통한 피부 접촉의 효과를 더 말하면 잔소리다.

2. 아이의 목욕 시간

아이가 자라면서 목을 가누고 혼자 앉아 있을 수 있게 되면 욕조에서 함께 목욕을 한다. 유아용품 가게에 가면 아이 목욕 의자 등의 안전용품을 구할 수 있다. 욕조 바닥에 고정되는 목욕 의자는 안전하게 물놀이를 즐기는 데 도움이 된다. 머리를 감길 때 비눗물이 흘러내리지 않도록 씌우는 샴푸 모자도 있다. 아빠와 함께 욕조에서 즐길 수 있는 물놀이는 아이를 흥분시킨다. 샤워기에서 쏟아지는 물줄기와 수도꼭지에서 흘러나오는 물줄기의 느낌을 손바닥으로 느껴 본다. 빈

샴푸통, 스펀지, 고무인형, 양치컵 등을 제공해주면 다양한 방법으로 가지고 논다. 목욕을 싫어하는 아이에게는 이러한 물품으로 물놀이에 흥미를 느끼게 하거나 수성펜으로 목욕탕 벽에 낙서를 하게 해 보자. 글자나 숫자에 관심을 갖게 하는 방법이 될 수 있고 쓰기나 미술 활동의 준비 과정이 될 수 있다. 수성펜이므로 물로 씻어내면 깔끔해진다.

목욕탕이 어질러지는 것이 싫으면 정리의 과정에 아이를 포함시킨다. 15개월 정도의 아이도 "양치컵은 아빠 줘, 아빠가 치울게", "샴푸통은 이 바구니에 담자" 등의 단순한 지시는 따를 수 있다. 아이가 목욕을 즐기는 동안 아빠는 욕조 속에 함께 있거나 같은 공간 안에서 아이의 안전을 지켜준다. 아이가 물속에 있는 동안 한 순간도 아이곁을 떠나지 않아야 하며 비누 같은 것을 입에 가져가지 못하도록 일러줘야 한다.

때로는 거품을 풀어 놓고 분위기를 내 보자. 거품을 쥐어 보면서 즐거워하는 아이의 모습을 볼 수 있다. 거품 목욕제는 자극이 없는 유아용을 사용해야 한다. 아빠와 목욕을 하는 동안 아이는 많은 것을 배운다. 비누가 거품을 만드는 것, 스펀지가 물을 흡수한다는 사실, 물에 뜨는 것과 가라앉는 것, 샤워기와 수도꼭지에서 쏟아지는 물의 압력 차이 등 일부러 가르쳐주지 않아도 스스로 터득하는 학습의 장(場)이 된다. 물에 대한 공포를 덜어주므로 수영과 같은 운동 기술의 습득을 용이하게 한다.

3. 자연스러운 성교육이 이루어지는 목욕 시간

이러한 효과뿐 만이 아니라 자연스러운 성교육이 이루어진다는 의미에서도 목욕의 효과를 논하고 싶다. 세상에는 두 가지 성이 존재한다는 것을 이해하고, 부끄러워하거나 부러워할 것이 아니라는 것을 가장 편안하고 자연스럽게 가르쳐주는 방법이 목욕을 함께하는 것이라고 생각한다. 인간 사회는 여러 가지 이유에서 성교육의 필요성을 인정하지만 성장 단계에 따른 적절한 방법과 내용이 충분히 제공되지 않고 있다. 최근에는 보건소, 방송 매체, 교육기관 등에서 성교육 방법과 내용을 구체적으로 제작하여 일반인에게까지 교육의 기회를 확대시켜가고 있다.

아이에게 필요한 성교육의 내용은 남녀의 차이, 역할 등을 이해하는 것, 있는 그대로를 인정하며 동등한 인간으로 살아가는 자세 등이 포함되어야 한다. 우리나라 유치원 교육 과정에도 남자와 여자라는 주제가 포함되어 바람직한 성교육을 위한 노력을 보이고 있다.

가족이 함께 목욕을 하면 아이에 필요한 성교육은 저절로 이루어진다고 생각한다. 아빠 혹은 엄마의 몸을 보면서 남성과 여성의 차이, 성인과 아이의 차이 등을 자연스럽게 알게 된다. 이러한 교육적 효과와 더불어 티 없이 깨끗하고 사랑스러운 아이의 몸을 씻기는 가운데 서로 주고받는 사랑의 감정은 화목한 가정이 아니면 그 어느 곳에서도 맛볼 수 없는 귀중한 경험이 될 것이다.

10 EBS 라디오 멘토 부모

글자와 숫자는 놀이와 실물로 친근하게 접근하자

우리 아이가 24개월인데 말을 참 잘해요. 이제 한글을 시작하고 싶은데 아이가 학습지는 별로 하고 싶지 않아 해요. 한글 공부는 어떻게 체계적으로 시키면 될까요?

이럴 땐 이렇게

아이의 교육 문제에 관심을 갖다 보면 주변에 신동이나 천재로 불리는 아이들과 자신의 아이를 비교하게 되어 조바심을 갖게 된다. TV 광고에서 생후 28개월밖에 되지 않는 아이가 동화책을 줄줄 읽는가 하면 큰 단위 숫자의 덧셈, 뺄셈을 능숙하게 해내는 아이도 있다. 문구점이나 완구점은 문자와 숫자를 학습시키는 교재로 넘친다.

좋은 부모가 취해야 할 태도는 조바심을 버리고 아이의 있는 그대로를 인정하며 아이의 수준에 맞게 놀이로 이끌어주는 것이다. 어릴 적 신동으로 세인의 관심을 끌었던 사람들이 성인이 되어서는 지극히 평범한 사람으로 살고 있는 사례들을 보면 글자나 숫자를 지나치게 빨리 깨우치는 것이 꼭 바람직한 현상은 아니라고 생각한다.

3세경의 끼적이는 행동, 손 근육과 지각 능력 필요!

글자와 숫자를 익혀 가는 아이들의 연령별 수준을 알아보자. 이때 개인차가 있음을 전제로 해야 한다. 정상적인 성장 발달을 보이는 아이가 문자를 쓸 수 있으려면 많은 준비 과정이 필요하다. 신체적 성장이 뒷받침되어야 하며 적절한 지도를 받아야 한다. 문자화된 상징을 지각하고 의미를 이해하는 수준을 거쳐야 한다.

아이들은 주변 환경에 있는 여러 가지 표시, 이름, 간판, 상표 등 상징에 관심을 가지면서 읽기를 시작하게 된다. 초기의 읽기 행동은 책을 종알거리면서 마음대로 읽는 것이다. 대략 14개월경부터 마음대로 읽기가 나타나는데 아직 엄마, 아빠 정도의 단어를 발음하는 한 단어 시기이므로 듣는 사람은 내용을 알아들을 수 없는 수준이다. 20개월경부터는 책의 글자에 관심을 갖고 읽기를 한다. 30개월경이 되면 익숙한 책들을 암송한다. 책읽기에 흥미를 느끼고 적절한 지도를 받은 아이의 경우 36개월 정도가 되면 글자를 짚어 가면서 읽을 수 있다.

글씨를 쓸 수 있는 능력은 읽기보다 늦게 발현된다. 3세가 지나면서 쓰기를 위한 긁적거리기 행동이 나타난다. 글씨를 쓸 수 있게 되려면 글자를 지각하는 것이 우선 되어야 한다. 글자를 지각하고 흥미를 가져야 하며 필기도구를 조절할 수 있을 만큼 손 근육이 발달되어야 한다. 정해진 공간에 글씨를 써 넣을 수 있는 공간 능력, 왼쪽과 오른쪽의 구분, 위아래의 인식, 모양의 공통점과 차이점 알기 등이 선행되어야 하며 무엇보다도 중요한 것은 아이 자신의 흥미이다. 글씨에 흥미가 없는 아이에게 강제적으로 무리한 학습을 시키는 경우 학습 자체를 싫어하는 결과를 낳는다.

취학 전에는 친숙한 놀이를 통해 경험

취학 전 아이에게 쓰기 학습을 시키는 문제는 오랫동안 논쟁거리가 되고 있다. 유치원 교육 과정에는 문자에 관심을 갖게 하는 정도의 내용과 활동을 권장하고 있지만 많은 아이들이 초등학교 입학 전에 글씨를 깨우치고 있는 것이 현실이다. 문제는 학습을 시키는 방법이다. 과도한 암기, 획일적인 집단 학습, 단순 반복 등의 방법은 비교육적이므로 피하는 것이 좋다.

개인차를 인정하고 아이가 흥미를 가지는 상황에서 글자를 접하도록 환경을 조성한다. 냉장고에 자석 글자 붙이기 놀이, 아이가 좋아하는 물건이나 공간에 이름 카드 붙여주기, 아이가 보는 앞에서 생일 축하 카드 써주기, 쇼핑 목록을 의논하면서 적기, 여행을 가거나 낯선 곳에 머물 때 친숙한 책을 가져가서 읽기, 아이를 무릎에 앉히고 읽어주거나 잠자기 전에 책 읽어주기, 큰 종이나 화이트보드로 긁적거릴 수 있는 공간 만들어주기 등으로 아이의 흥미를 유도할 수 있는 활동을 찾아본다. 공부를 하기 위한 활동이라기보다는 부모와 즐거운 놀이를 하고 있다는 분위기를 조성하여 자연스럽게 글자와 친숙해지도록 돕는다.

숫자에 관한 학습도 글자와 같은 원리로 이해하는 것이 좋다. 노트에 숫자를 써 가면서 가르치는 방법보다는 생활 속에서 실물을 통해 이루어지는 것이 바람직하다. 구체물을 통한 이해가 이루어진 후에 숫자라는 상징을 이해할 수 있다.

취학 전 아이들을 위한 수 학습은 수의 개념 이해가 중요하다. 직접 숫자를 사용하지 않는 범위에서 '하나, 둘, 셋, 넷'이나 '일, 이, 삼, 사' 같은 수 이름 알기, 귤 2개와 귤 5개의 의미가 다르다는 것을 이해하는 수의 크기 알기, 발길이로 비교하거나 팔을 벌려서 재 보는 측정, 잠자는 시간과 자전거 타는 시간을 구별하는 시간 개념, 세모·네모·동그라미를 이해하는 모양 알기 등이 경험되어야 한다.

이러한 경험 이전에 선행되어야 하는 활동은 순서 정하기, 비교하기, 분류하기이다. 이러한 활동 역시 숫자를 직접적으로 사용하지 않고 시작한다. 식탁 세팅을 할 때 아이를 포함시켜서 가족의 숫자대로 숟가락과 젓가락을 놓기, 가까운 이웃이나 친척의 가족 수와 우리 가족의 수 비교해 보기, 가족의 나이 말해 보기, 달력에서 생일 찾아보기, 집에 있는 물건 중 동그라미 모양과 네모 모양을 찾아보고 수 비교하기, 크기가 다른 봉투를 순서대로 놓아 보기, 시계와 전화기에서 같은 숫자 찾아보기 등 일상생활 중에서 놀이하듯이 즐거운 분위기로 수에 대한 관심을 유도한다.

취학 전 아이가 1~10까지의 의미를 알고 정확히 셀 수 있고, 5이내의 숫자로 더하기와 빼기를 할 수 있다면 정상적인 발달 수준으로 보면 된다.

11 떼쓰는 아이에게는 즉각적이고 일관적으로 대응한다

EBS 라디오 멘토 부모

22개월 된 아이가 흥분하면 몸을 부르르 떠는데요. 화가 나면 화가 풀릴 때까지 주변의 물건을 던지기도 해요. 시어머니께서는 그걸 보시면서 아이가 충격을 받아서 그런 것 같다고 하시는데 맞나요? 아이의 이런 행동을 고치려면 어떻게 해야 할까요?

이럴 땐 이렇게

만 2세 무렵은 '분노'라는 감정 표현을 배우는 시기이다. 자신의 의지대로 되지 않거나 반대되는 주장을 하고 싶을 때 화를 내는 것인데 심한 아이들은 경기를 하기도 한다. 이럴 때는 왜 그러는지 마음을 읽어줘야 한다. "이걸 가지고 놀고 싶은데 할머니가 치워서 화났어?"

라고 물어보면서 마음을 읽어주고 감정을 가라앉힌다. "화난 건 알겠는데 그런 표현은 들어주지 않을 거야. 좋을 말로 할 수 있을 때 엄마하고 다시 말하자"고 한 다음 기다렸다가 진정된 후 대화를 시도한다.

18개월쯤 되면, 특히 남자아이들 같은 경우에는 대근육 발달에 대한 욕구가 왕성해지는 때여서 집어던지는 행동을 많이 한다. 위험하게 놀다가 뭐가 깨졌을 때 "이것 봐, 다 깨져서 네가 갖고 놀 수가 없게 되었잖아" 이렇게 아이가 이해할 수 있는 선에서 부드럽게 타이르면서 지도해야 한다. 식탁에 앉아서 밥을 먹이려고 하는 시기에도 아이들이 물건을 많이 던진다. 이럴 때는 "엄마가 너무 아파. 네가 던지고 그러는 거 엄마는 너무 싫어"라고 표현해주어야 한다.

던졌을 때 부모의 반응이 재미있어서 시도하는 경우도 있으며 주변 물체에 대한 탐색 과정 중의 하나일 수도 있다. 편안한 환경과 자신을 사랑해주는 사람들이 있는 상황에서 일어나는 자연스러운 발달 단계이므로 크게 걱정할 필요는 없다.

떼쓰는 행동은 자연스러운 발달 과정

세상에 태어나 울음으로 의사표현을 하던 작은 아이가 엄마 아빠를 발음하여 감격시키고, 돌잔치를 치르고 나면 아이는 점점 더 활동적인 모습으로 성장한다. 텔레비전에서 흘러나오는 음악에 율동적으로 움직이기도 하고, 관심 있는 물건들을 손가락으로 가리키면서 주변의 환경에 적극적으로 행동한다. 아이의 능력이 여러 가지로 확대되면서 동시에 성인의 통제가 필요한 경우도 많아진다.

이 시기의 아이는 부모가 늘 곁에 있어주기를 바라며 고집부리고 반항하는 행동이 나타난다. 생후 2년 정도까지 아이의 관심은 자신을 보살펴주는 성인에게 집중되어 있고 성인으로부터 인정받고 싶어 한다. 때로는 권위자와 싸워서 이기려고 하는 경향을 보이기도 한다. 아이가 피곤하거나 기운이 없을 때는 곁에 함께 있어주고 아이의 요구를 만족시켜주는 것이 좋다. 그러나 일상생활 가운데 아이가 원하는 것을 모두 만족시키는 것이 오히려 아이에게 바람직하지 못한 경우가 있다. 이 시기에 부모가 해야 할 중요한 과업은 좋은 버릇을 가르쳐야 하는 것이다. 판단 능력이 없는 아이에게 어떤 행동이 수용될 수 있는 행동인지 알려주고 아이가 해를 입지 않도록 막아줘야 한다.

일관된 행동 유지하기

아이에게 좋은 버릇을 가르치기 위해서는 일관된 행동을 보여주어야 한다. 아이가 할 수 있는 일과 하지 말아야 할 일을 구별할 수 있게 되기까지 많은 시간과 노력이 필요하며 인내심도 요구된다. 아이는 기억력이 짧기 때문에 잘못된 행동을 하고 있을 때 그 순간에 바로 지적하고 즉각적으로 대응해야 한다. 하지만 "안 돼"라는 말은 아주 중요하다고 생각되는 순간을 제외하고 너무 자주 사용하지 않는 것이 좋다. "안 돼"라고 소리치며 물건을 빼앗기만 하지 말고 "커피콩을 삼키면 목이 아프니까 입에 집어넣지 마, 아빠가 갈아서 드시는 거야. 아빠가 커피를 만드는 데 쓰시는 거니까 ○○이는 만지지 말자"라고 왜 그래야 하는지 이유를 설명한다. 잘못된 이유를 지적하되 아이를 나무라서는 안 된다. 아이가 알아들을 때까지 여러 번 반복해서 말해준다. 커피콩과 같이 삼킬 수 있는 것이나 직경 2cm 이하의 물건은 아이의 손이 닿지 않는 곳으로 모두 치운다.

아이가 말썽을 부리고 있을 때는 주의를 다른 곳으로 돌리게 하는 것도 효과적인 방법이다. 아이가 주방의 쓰레기통을 만지고 있다면 베란다로 나가서 길거리의 자동차를 보게 한다. 아이는 기억력이 짧아서 곧 다른 일에 주의를 돌린다.

빠르면 13개월부터 아이는 부모의 말을 듣지 않는 반항 행동을 보인다. 고집을 피우고 떼를 쓰기도 한다. 모든 아이에게 일어나는 일이라는 사실을 인정하고 느긋하게 대처하려는 마음 자세가 필요하다. 무엇이 잘못된 것이지 아이에게 납득시키려고 노력하고 감정을 앞세우지 말아야 한다. 부모가 흥분해 어쩔 줄 모르고 화를 내는 상황에서는 교육의 효과를 기대하기 어렵다. 체벌을 사용하면 일시적인 효과는 있을 수 있으나 부모에게 적개심을 갖게 되는 등의 부정적인 결과를 낳는다. 반대로 아이가 고집을 피울 때마다 져주는 것은 점점 더 감당하기 어려운 아이가 되게 하는 결과를 낳는다. 자신의 요구를 위해 분노 발작을 일으키며 심하게 떼를 쓰는 상황에서는 아이의 행동 자체를 무시하는 것도 하나의 방법이 될 수 있다. 생떼를 써도 안 될 때가 있다는 것을 단호하게 가르친다. 이때 가장 필요한 것이 일관성이다. 사람이 많은 곳에서 창피하다는 이유로 요구를 들어주거나 이

랬다저랬다 하면 효과를 보지 못한다. 아빠는 들어주고 엄마는 무시해서도 안 된다. 엄마와 아빠를 포함한 모든 양육자가 일치된 반응을 보여줘야 한다.

조용한 목소리로 안 된다고 말하고 떼쓰는 행동을 무시한다. 어느 정도 진정된 후에 억지를 부리는 부분이 왜 안 되는지 이유를 설명한다. 가능하면 긍정적인 어투를 사용하자. 볼펜으로 거실 바닥에 끼적거리는 아이에게 "거실 바닥에 낙서하지 마"라고 말하는 것보다 커다란 종이를 준비해주고 그림은 종이에 그리라고 말해주는 것이 좋다. 긍정적인 말이 긍정적인 행동을 유발시키기 마련이다. 아이가 받아들이고 긍정적인 행동을 하게 되면 반드시 칭찬을 해준다.

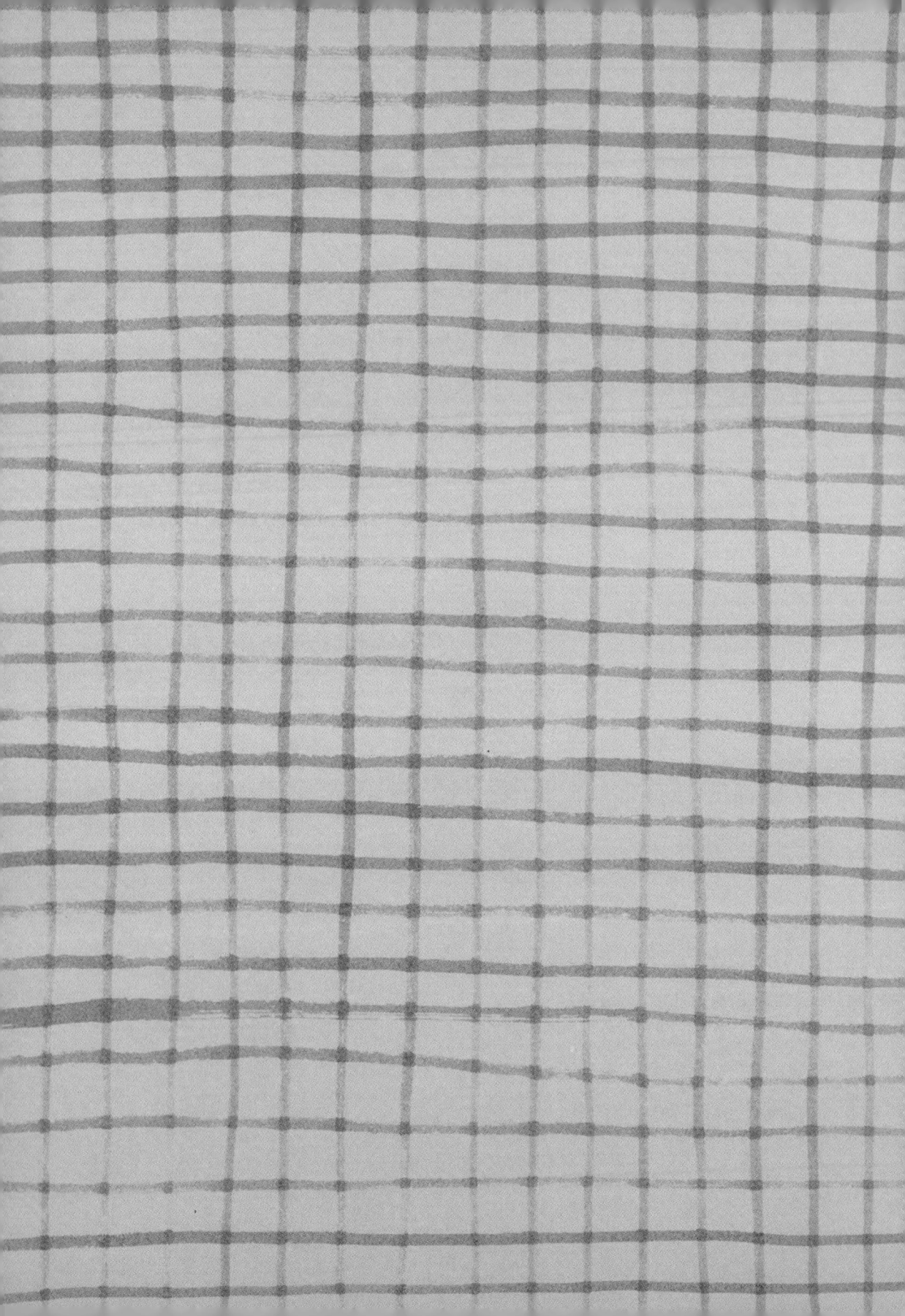

2장

EBS 라디오 멘토 **부모**

아이의 행동에 숨겨진 메시지로
심리를 읽는다

01 EBS 라디오 멘토 부모

자존감은 자녀에 대한 인정에서부터 시작한다

아이가 반장 선거에서 떨어지자 몹시 실망하고 좌절한 상태입니다. 앞으로도 친구들이 자신을 안 뽑아줄 거라면서 다시는 반장 선거에 나가지 않겠다고 합니다. 평소에는 활발한 편이지만 발표를 할 때나 다른 사람 앞에 나서서 뭔가를 얘기해야 할 때는 소극적으로 변하는데 어떻게 해야 하나요?

이럴 땐 이렇게

소극적이고 내성적인 아이들의 유형에는 두 가지가 있다. 하나는 전혀 아이들과 어울리지 못하는 아이들이다. 이런 아이들은 일대일로 만나도 별로 말이 없다. 그러나 어떤 아이들은 일대일, 일대삼 등 소집단일 때는 말을 참 잘하는데 대집단에 나가서는 떠는 아이들이 있다. 기질적인 성향도 있지만, 꼭 그것을 고쳐야 한다고 생각할 것이 아니라 아이마다 갖고 있는 개성이라고 생각하자.

아이마다 다르다는 것을 인정해주자. 그리고 누구나 최선을 다하면 잘할 수 있다는 것도 알려주자. 사람마다 특성들이 다르기 때문에 어떤 아이는 대중 앞에 거리낌 없이 나설 수 있고, 어떤 아이는 마음은 있으나 행동으로 실천하기 어려울 수도 있다는 것을 수용하자. 만일 도움이 필요하다면 함께 헤쳐 나가는 방법을 찾아보도록 한다. 때로는 대본을 만들어서 연습을 시킬 수도 있다. "네가 그런 용기가 있구나? 대단하다" 하고 인정해주고 엄마의 도움이 필요하다면 언제든지 도와줄 수 있다는 것을 알려주자. 만일 아이가 회장 선거에 나가고자 하는 욕구가 있다면 시간적 여유를 두고 준비하도록 격려할 수 있다. "네가 나가서 말할 수 있는 대사를 우리 한번 외워 볼까?" 하면서 엄마와 아이가 함께 시나리오를 구상하고 연습해 보자.

다른 사람들 앞에 나가 말한다는 자체만으로도 긴장되는 아이들에게는 다른 사람들이 없는 익숙한 장소에서 한 곳을 바라보면서 말하는 연습을 반복시키면 아이는 그 내용을 충분히 숙지하게 된다. 우선 대사에 대한 자신감이 생기면 대중 앞에서 얘기하는 불안한 증상은 어느 정도 통제할 수 있다.

혹시 실패했다고 할지라도 "회장까지 했다면 넌 너무 완벽할 뻔 했네. 앞으로 더 올라갈 목표가 없으면 재미없지 않을까? 빈틈이 있어야 인간적인 거지. 다른 아이에게도 기회를 주지 뭐. 수고 많이 했어"

하며 실수나 실패를 두려워하지 않고, 걱정하지 않도록 한다. 잘하는 점들을 많이 부각시켜주는 것이 더 좋다.

부모의 역할이 중요한 초등학교 시기

초등학교 아이들은 저학년, 중학년, 고학년별로 학습의 양도 달라질 뿐만 아니라, 또래와의 관계 변화도 일어난다. 이런 과정에서 부모는 아이들의 인지적 변화와 강조만 중요시하는 것이 아니라 신체적인 변화, 심리적인 변화에도 관심을 기울여야 한다.

이 시기는 유치원 시기까지 자기중심적으로 사고하다가 점차 객관적인 사고로 변화하는 시기로, 사회적 규범이나 규칙을 따르고 질서를 준수하는 것이 중요한 때이다. 입학 자체가 이들에게는 인생의 중요한 과제이기 때문이다. 또한 수업 시간에 40~50분간 집중해서 경청해야 할 뿐만 아니라, 쉬는 시간에도 마음껏 뛰어놀기가 쉽지 않다. 이러한 규칙적인 생활을 무려 4~5시간 동안 유지해야 하는 것이다. 단체 생활을 해야 하기 때문에 서로 협동하고 배려하는 부분에서 변화가 많이 일어나기도 한다. '나는 뭔가 할 수 있다', '노력하면 할 수 있다', '자신감을 가지고 성장 발달할 수 있다'라는 인간의 가장 기본적인 기초를 다지는 시기이다. 이 시기에 아이들의 학습만 강조하는 것이 아니라 아이들의 재능, '어떤 것이 아이의 적성에 맞고, 아이의 어떤 부분을 잘 키워줄까'를 부모가 발견해야 한다. 가장 중요하면서 어려운 시기이다. 질서를 지켜야 하고, 규범을 따라야 하고, 그러면서 자율성과 자신감의 기초인 자존감을 발달시켜야 한다.

> **아이는 매일 놀고 싶어 하고 공부를 안 합니다. 자꾸 공부하라고 하니까 아이와 어긋나게 되고 저는 화가 나서 아이에게 심하게 대하게 됩니다. 어떻게 하면 좋을까요?**

이럴 땐 이렇게

초등학생의 가장 큰 발달 과제는 근면성이다. 근면성이 발달한 아이들은 부지런하고, 사회적 규범을 지키고, 열심히 학습에 임한다. 학업은 학생의 당면 과제이므로 해야 하는 것이 당연한 일이다. 이렇게 해야 한다는 사실을 아이들도 알고 있고 또 열심히 따르려고 노력하고 있는데, 잠시라도 한눈을 팔면 엄마는 그걸 못 참고 공부하라고 닦달을 한다. 늘 입에 달고 사는 게 "공부해, 공부 안 하고 뭐하니?"이다.

아이마다 발달 리듬이 조금씩 다르기 때문에 부모는 자녀에게 맞는 리듬 배분을 잘해야 한다. 어떤 아이들은 1시간 놀고 나서도 충분히 놀았다는 아이가 있는데 반해, 어떤 아이는 3시간 놀아도 조금밖에 안 놀았다고 하는 아이가 있다. 이렇듯 아이 특성에 따라 차이가 있기 때문에 아이 수준에 맞는 배분이 중요하다. 놀 때는 실컷 놀도록 놔두어 아이가 충분히 놀았다는 기분이 들어야 한다. 엄마가 자꾸 간섭을 하면, 아이는 리듬이 깨지고 방해를 받았다고 느끼게 되기 때문에 3시간을 놀았어도 영 개운치 않은 것이다. 엄마는 "그다음 네가 해야 할 일이 뭐지? 이제는 숙제해야 할 시간이구나"라는 이야기만 해주는 것이 좋다.

　아이는 일단 부모가 자녀를 어떻게 바라보고 평가하느냐에 따라 내가 어떤 존재인가를 알게 된다. 부모는 자녀 자존감의 자양분이라고 할 수 있다. 부모가 얼마나 아이를 사랑해주고, 가치 있는 존재로 보고 관심을 주느냐에 따라서 달라지기 때문에 이를 항상 염두에 두어야 한다.

　자기 암시를 하는 것도 좋은 방법 중 하나다. 이런 교육은 어릴 때부터 형성시키는 것이 효과적이다. 늘 그렇듯이 사람마다 가정마다 생각과 가치관이 다르다. 나라에만 문화가 있는 것이 아니라 각 가정에도 독특한 문화가 있다. 어떤 가정은 도덕성을 중요시 여기고, 어떤 가정은 훌륭한 리더가 되기를 원한다. 아이들에게 당부할 때는 가정의 가치관을 강조하는 것과 더불어 '세상에서 가장 소중하고 사랑스러운 ○○○' 라는 쪽지를 써서 가족들이 가장 자주 접하는 곳, 예를 들어 TV 선반, 냉장고, 책상 등에 웃고 있는 아이 사진과 함께 붙여 둔다. 아이의 자긍심을 높여주고 가정의 일원으로서 자부심을 느끼게 한다. '내가 저렇게 멋지고 예쁜 애구나' 하는 것을 알게 해주고, 우리 가정에서 중요시 여기는 것이 어떤 것인지를 알도록 해준다. 암시 효과라고도 하는데, 처음 자녀들의 소망을 함께 나눈 후 그 소망을 늘 접할 수 있는 곳에 눈에 띄게 부착해 두는 것도 효과적이다. "너 어떤 사람이 되고 싶니?", "엄마는 어떤 사람이길 원하는데 넌 어떠니?" 하고 아이에게 물어 의견을 듣고 자존감을 높일 수 있는 글을 써 가까이에서 보고 느낄 수 있도록 하자. 물론 심한 부담감을 주는 글은 금물!

자존감은 능력과 한계를 아는 것

사람마다 도달하고자 하는 목표는 달라도 성공하기 위한 근본적인 목적은 행복일 것이다. 인생을 행복하게 살고, 목표한 바를 달성했다는 자부심, 기대, 긍지 이런 것이 자존감의 기초이고, 자존감을 향상시키는 데 가장 중요한 요소이다. 행복하게 살려고 하면 자존감이 높아야 한다.

자존감이란 자신감의 기초이며, 나를 믿는 것이다. 나를 가치 있는 존재로 생각하고 나를 존중하는 것이다. 자신감이 '나는 뭐든지 할 수 있어'라는 믿음과 기대라고 한다면, 자존감은 내가 나의 능력과 한계를 알고 '최선을 다해 보자. 그럼에도 불구하고 안 된다면 다른 일에 도전하자.'라고 생각하는 데서 느끼는 자부심 같은 것이다. 자존감이 높은 사람은 함부로 덤비지 않는다. '이건 내가 절대 할 수 있는 일이 아니다'라고 생각하면 물러서고 어느 정도 내가 도전했을 때 이룰 수 있다고 판단하면 도전한다.

자신을 가치 있는 존재로 생각하는 경우, '무언가가 주어지면 내가 실수나 실패를 두려워하지 않고 한번 도전해 보겠다'는 낙천적이고 긍정적인 생각을 하기 때문에 그런 아이들이 대부분 자존감이 높고, 그렇게 되면 어떤 일이든 잘하려고 한다.

우울한 부모와 아이의 자존감

대부분 부모들이 아이를 사랑하는 것에 대해서는 후하고 관대한데,

정작 부모 자신에 대한 관심과 사랑은 부족하다. 부모 스스로 '나는 정말 무가치한 존재구나', '이제 아이들조차 나를 무시하고 귀찮게 여기는 구나' 라는 생각이 들면서 숨겨졌던 우울증이 고개를 들고 나오기 시작한다. 짜증과 신경질은 우울증의 신호이다. 우울한 부모가 조절하지 못하고 아이들에게 짜증과 신호를 불쑥불쑥 쏟아내서 서서히 자녀들 마음속으로 파고들어 가게 된다.

> 평소 아이가 말을 할 때 똑 부러지게 하질 못합니다. "똑바로 얘기해라, 크게 얘기해야 상대방이 알아듣는다"라고 하면 아이는 혼난다고 여겨 더 위축됩니다. 사람들 앞에서도 쑥스러운지 자기 표현을 못합니다. 이런 것들이 쌓여 답답한 마음을 동생에게 과격하게 화풀이하면서 풉니다. "속 시원히 얘기 못하고 담아 두면 네가 답답한 거다. 화풀어라"라고 하면 아이가 울어버립니다. 평소 걷는 모습도 자신감이 없어서 어깨 펴고 걸으란 말을 자주하게 되는데, 어떻게 해야 자신감 있는 아이가 될까요?

이럴 땐 이렇게

엄마가 아이에게 못마땅한 것이 많은지, 잘하는 것이 있을 때 칭찬을 많이 해주는지, 엄마 앞에서 잘하는 활동을 자주하는지, 그럴 때도 말을 더듬거나 작은 소리로 말하는지 아이들의 행동을 꼼꼼히 눈여겨보자. 엄마가 다그치거나 잔소리하고 비난하는 것 같으면 아이가 우물쭈물하고 끝까지 말을 잘 못하고 속마음을 제대로 표현할 수 없다.

엄마 목소리가 점점 커지면 아이들은 기가 죽고 위축된다. 그러면 말이 잘 안 나온다. 엄마가 또 말을 잘 못하고 왜 그렇게 하느냐고 다그치면 운다. 내 감정을 적절하게 표현하고 싶은데 엄마 앞에선 무서워서 잘 안 되니까 슬퍼서 울어버리는 것이다. 그때 엄마는 "엄마가 다 그치니까 우는구나. 미안하다. 다 울고 나서 엄마한테 와 봐"하면서 "네가 그린 그림을 엄마한테 좀 보여줄래? 엄마는 네가 그린 그림을 보며 네 이야기를 듣고 싶다"라고 말하면 아이가 자랑스럽게 얘기를 시작할 것이다. 어른들이나 아이나 모두 자기가 잘하는 것을 이야기할 때 목소리가 커진다. 목소리가 너무 크거나 낮으면 엄마가 조절을 해주는데, 엄마 목소리도 같이 올라갔다가 같이 내려가지 말고, 엄마의 억양, 톤, 말투는 일정하게 유지한다. 큰 숨을 속으로 쉬어서 호흡 조절을 하고 이야기하는 것도 좋겠다. 아이에게 엄마도 실수하며, 같은 방법으로 조절한다는 것을 보이게 하는 것이므로 들켜도 괜찮다. 아이는 오히려 엄마를 이해하며, 스스로도 엄마처럼 노력하려고 한다.

아이의 자존감은 부모의 자기 사랑에서부터

아이에게 자존감을 일깨워주려면 일단 부모가 자신을 사랑해야 한다. 스스로를 '참 가치 있는 사람이다'라고 생각해야 한다. 왜냐하면 주양육자인 부모는 자녀의 울타리이자 지붕 역할을 해야 하고, 자녀를 양육하는 데 있어서 역할 모델링, 즉 아이의 거울이 되는 사람이 부모이기 때문이다. 아이는 부모를 통해서 자기 얼굴을 보게 된다.

'우리 엄마랑 나는 코가 닮았구나' 하는 신체적인 외모부터 시작해서 엄마가 하는 행동 하나하나가 닮아 있음을 알게 된다.

남편, 자녀를 각각 출근, 등교시키느라 정신 없는 아침시간이 지나고 나서야 엄마들은 내 시간을 갖게 된다. 온전히 내 시간임에도 또다시 집안일 하랴 분주하다. 차 한 잔 여유 있게 마실 시간도 없다. 어쩌다 마시는 차도 대충 아무 컵에다 후루룩 마시곤 한다. 이런 상상을 해 보자. 멘델스존의 음악이 흘러나오는 근사한 커피숍에 앉아 향이 진한 커피를 마시려고 할 때 금이 간 커피 잔이 눈에 띈다면 여러분은 어떻게 반응할 것인가. 여러분은 그냥 모른척하고 차를 마실 것인가, 아니면 찻잔을 바꿔달라고 할 것인가? 여러분은 소중한 존재이다. 그러니 최고로 멋진 컵에 컵받침도 갖추어 맛있는 커피를 타서 한껏 뽐내며 우아하게 마셔 보자. 이 세상의 누구도 부럽지 않은 여왕처럼. 내 자신을 소중히 해야 자녀 역시 엄마가 나의 비서나 시녀가 아니라 멋진 존재임을 알게 된다. 인간은 자기 스스로 소중하고 가치 있는 존재임을 아는 순간 자존감이 싹트기 시작한다. 인간은 각자 독특한 개성을 갖고 있으며 모두가 소중한 존재임을 알아야 하며, 나만 잘나고 나만 대접받아야 한다고 생각해서는 안 된다. 다른 사람을 이해하고 배려하는 것이 자존감의 출발이다.

딸아이를 키우고 있습니다. 아이가 성격이 조용한 편인데 가끔 자기가 하고 싶은 말을 아빠에게 하지 못하고 울어버립니다. 어떻게 하면 울지 않고 말을 잘할 수 있게 될까요?

이럴 땐 이렇게

아이들이 감정 표현을 제대로 못할 때 할 수 있는 방법 중에 하나는 우는 것이다. 속상하고 두려운 마음, 동정을 바라는 마음을 울음으로 표현한다. 딸이 아빠한테 얘기를 할 때 운다면, 아빠가 무섭거나 권위적일 경우가 많다. 아빠와 자주 만나거나 상호작용하는 관계가 아니면 아이들은 아빠를 손님으로 생각하는 경우가 있다. 본디 집을 건축할 때 지반을 다지고 기둥을 세우는 기초공사가 중요한 일인 것처럼, 집이라는 가정을 건축할 때 엄마는 야무지고 단단한 지반의 역할을 하고 집을 지탱하는 튼튼하고 듬직한 뼈대 즉 기둥은 아빠가 해야 한다. 그래서 가정에는 건강한 부모가 모두 집에 있어 집을 지켜줘야 한다. 그런데 아이들과 가끔 만나는 아빠가 든든한 기둥 역할을 하기에는 역부족이 된다.

아빠와의 소원한 관계를 개선하기 위해서는 자주 접하고 즐거운 경험을 많이 해야 하는데, 이런 접촉이 실천하기 어렵다면 아내는 남편에게 "아이가 당신에게 할 이야기가 있다고 하는데 당신이 웃으면서 아이를 쳐다봐주세요"라고 요청하자. 그리고 아이에게 가서 "어떤 말을 아빠한테 할 거야? 네가 아빠한테 말할 때 항상 우니까 걱정이 되네. 내가 도와줄 테니까 어떤 말을 할 거니?"라고 엄마가 옆에서 편을 들어주면 우는 횟수가 많이 줄어든다.

인간은 여러 가지 감정들이 있다. 기쁨, 슬픔, 괴로움, 즐거움 등 여러 감정을 느끼고 나눌 수 있다. 그러기에 인간사가 다양하고 복잡한지도 모르겠다. 그런데 유독 우리는 슬프고 화내고 고통스러운 감정들을 부정적 감정이라 생각하여 표현하는 것을 꺼려하며 싫어한다. 슬픈 이야기나 영화를 접하고 나서 아이가 울 때 "에이, 바보같이 뭘 울어" 하며 반응하는 엄마들이 있다. 강인해지라는 속뜻이 있겠지만, 그것은 강인해지는 것이 아니라 자기의 감정을 감추고 억압시키는 것이다. 그러면 정말 바늘로 찔러도 피 한 방울 안 나는 아주 냉정한 사람으로 변할 수 있다. 왜냐하면 울 때마다 부정적이고 비판적인 피드백을 받았기 때문에 '절대 이렇게 하면 안 되겠구나' 하고 마음의 문을 닫아버리기 때문이다. 자신의 감정을 확실히 알고 솔직히, 그리고 잘 표현하는 것을 배우는 것도 자존감을 높이는 방법이다.

TIP 자존감을 높이는 말과 행동

자존감을 높이는 말 10마디
1) 너는 사랑스럽구나
2) 네가 있어줘서 행복하다
3) 너의 그런 모습을 보니 기쁘다
4) 고맙구나
5) 기특하구나
6) 자랑스럽구나
7) 용기 있구나
8) 훌륭하구나
9) 대단하구나
10) 대견하구나

자존감을 높이는 행동 5가지
1) 엄지손가락 들어주기
2) 두 손으로 하트 모양 만들기
3) 안아주기
4) 쓰다듬기
5) 토닥거리기

02 EBS 라디오 멘토부모

아이의 공격성, 의사표현의 첫 단계다

아이가 초등학교 3학년인데 뭔가 마음에 들지 않으면 발을 구르고 친구를 툭툭 건드리는 습관이 있어요. 어떻게 해야 고칠 수 있을까요?

이럴 땐 이렇게

초등학교 3학년 정도면 충분히 언어로 표현할 수 있는 나이인데 행동이 먼저 나가는 이유는, 언어로 이야기했는데도 불구하고 수용이 되지 않았기 때문이다. 예를 들어, 친구에게 굉장히 화가 나서 위로받고자 엄마한테 가서 말했는데 "그러니까 사이좋게 지내야지 참아. 만날 넌 그것 때문에 화를 내니" 하면 아이가 할 수 있는 행동이 뭘까?

말문을 닫아버리거나 책을 던지거나 연필을 쾅 내려놓는 것이다. 엄마가 내 마음을 받아주지 않기 때문이다. 그런데 엄마가 "그러게 말이야. 화가 진짜 많이 난다. 걔는 왜 매일 너한테 화를 내게끔 만드니"라고 맞장구 쳐주면 아이의 화가 가라앉게 되고, 안절부절못하는 행동이 나타나지 않을 수 있다. 또는 다른 아이들보다 더 욱하는 충동적인 아이들이 있는데, 그런 아이들의 경우에도 위와 같은 행동이 나타날 수 있다.

욕구를 빨리 이루기 위해 하는 행동

아이가 학교생활에 적응하는 데 가장 큰 역할을 하는 존재는 아마 친구일 것이다. 친구 따라 강남 간다고 수업이 재미없고 규범이 까다로워도 친구와 장난치고 수다 떠는 재미로 학교에 간 경험을 누구나 갖고 있을 것이다. 이렇게 학교생활의 가장 큰 별미라고 할 수 있는 친구가 매일 나를 때린다면? 지옥이 따로 없을 것이다.

아이들의 의사표현의 첫 단계는 말보다 행동이다. 어떤 아이가 자기 물건을 가져가려고 할 때 언어적 표현이 서툴러 손이 먼저 올라가거나 마음이 급해 충동적으로 표현하게 되는데, 이때 우리 아이를 공격적이고 사나운 아이라고 단정 짓기 전에 어린아이들의 급한 마음이 행동으로 표현되는 것이라고 이해해야 한다. 아이들의 공격적인 행동은 남을 해치려는 의도가 아니라 단지 내 것을 지키기 위한 과한 표현일 뿐이다. 그런 시행착오 끝에 아이들은 기다림이나 타협을 배우게 된다. 그런데 자기 것을 지키지 못하거나 손해를 많이 보았다고 생각하는 경우 '공격성'이 습관적으로 나오게 된다. 그러다 4~5세가 되어 내 물건을 뺏는 아이를 보면 정말 혼내주고 싶다는 생각이 든다. 왜 때리는가? 그것은 자기가 원하는 것을 이루겠다는 강력한 의지이고 표현이다. 말을 해서 듣지 않으면 '내가 강압적으로라도 내 걸 지켜야 한다. 말로 안 되면 때려서라도 지켜야 한다'라는 의지이고, 나를 방해하는 사람에 대한 화남과 분노의 표현이다.

공격성의 표현은 강도나 정도에 따라 조금씩 달라지는데, 처음에는 우는 것으로 표현하고, 그다음 소리 지르는 것, 대성통곡하는 것, 그리고 나서도 안 되면 가서 때리는 것으로 나타난다. 유치원이나 학교에서 물건을 던지거나 소리를 지르는 경우도 이런 단계 중 하나다.

> 저희 아이는 6세 남자아이입니다. 아이가 놀면서 스킨십을 하는데, 정도가 심해서 엄마인 저는 매일 부딪쳐 멍이 듭니다. 아빠를 할퀴기도 하고, 여동생이 좋다고 목을 끌고 가며 놀려고 해서 여동생은 오빠가 싫다고 합니다. 유치원에서는 남을 때리지 않는데 노는 것에 빠져서 가족들에게 피해를 줍니다. 아이에게 이렇게 하면 안 된다고 했더니 울어버립니다. 이럴 땐 어떻게 해야 하나요?

이럴 땐 이렇게

예부터 집안의 가장 역할을 담당한 남성은 왕성한 남성호르몬이 사냥의 본능 욕구를 자극하여 동물을 쫓아다니면서 먹이를 사냥하는 기능이 발달되었다. 사냥꾼의 기술이 진화되어 오늘날 남성들의 모험심, 경계심, 공격성 등은 스포츠나 게임 등에서 찾아볼 수 있다. 그래서인지 공격성은 여자아이들보다 남자아이들에게서 훨씬 왕성하게 표출된다. 그러므로 적절하고 바람직하게 그들의 공격 에너지를 표출할 기회를 제공해주는 것이 중요하다. 초등학교에서 한 남자아이가 좋아하는 여자아이에게 좋아한다는 표현으로 머리를 잡아당기는 경우가 있다. 그런 행동은 호감이 아닌 배척을 받게 될 것이다. 이처럼 남자아이들은 표현하는 방식이 과격한 경우가 많다. 에너지가 넘쳐나는 남자아이들에게는 예의 바른 행동을 습득하고 신체적 발산의 기회를 제공하는 것이 좋다.

또한 아이들과 대화하는 방법도 남자아이와 여자아이에게 차이가 있다. 여자아이는 감수성이 발달되고 민감하여 자상하고 나긋한 목소리로 잘 경청하고 이야기해주는 것이 중요하다. 대체로 여자아이들은 엄마가 하는 이야기를 처음부터 끝까지 잘 듣는 반면, 남자아이들은 이야기의 맨 마지막 부분만 듣기 때문에 복잡하고 장황하게 설명하면 무슨 말을 하는지 요점을 찾기 어려워 엉뚱한 이야기를 하기도 한다. 짧고 간단하게 이야기해주고, 문제를 해결해야 하는 상황일 때는 "너는 어떻겠니?" 하며 아이와 관련된 주변 상황의 예를 들어주며 설명하는 것이 좋다. "너 같으면 그렇게 맞날 맞고 오면 기분이 어떻겠니?"와 같이 말을 해야 한다. "넌 좋겠니?"가 아니라 "넌 어때?"라고 물어야 한다. "아빠가 너무 좋아서 매달렸는데 아빠가 상처가 나서 화가 나셨구나. 네가 아빠라면 어땠을까?" 하고 물어서 "아파"라는 대답이 나온다면 "그렇지. 그러면 어떻게 해야 돼?" 하고 묻는다. 이때도 "그러니까 하지 마"가 아니라 "그러면 어떻게 해야 돼?"로 아이가 생각할 수 있는 기회를 많이 주어야 뇌가 발달되고 감정이나 공격성을 통제하는 능력이 길러진다. 그리고 자기가 스스로 깨달아야 오래간다. 엄마가 이야기하기만 하면 단기 기억으로만 남는다. 제일 중요한 것은 에너지를 발산할 기회를 많이 주는 것이다.

딸과 아들의 대화법

3세 아이들을 비교해 보니 여자아이가 남자아이보다 두 배나 많은 어휘를 습득한다고 한다. 남자아이는 공간 지능을 담당하는 부위인 우뇌 기능이 더 발달되었고, 여자아이는 언어적 기능을 담당하는 좌뇌 기능이 더 발달되었다고 하니, 아들과 딸의 대화법에도 성별에 따른 대화 기술이 필요하겠다. 언어발달이 빠르고 감수성이 풍부한 여자아이의 경우, 공감과 더불어 부드럽고 자상하게 이야기를 나누어 보자. 공간 지능이 뛰어나고 수학적 추리력이 발달한 남자아이의 경우에는 함께 스포츠를 하거나 게임을 즐기면서 친밀해지는 것이 우선이다. 또한 부탁이나 이야기를 나눌 때 여러 가지를 동시에 요구하는 것보다 한 가지씩 간단명료하게 이야기하는 것이 효과적이다.

아빠와 딸의 관계

아빠의 사회적 기술과 지지를 습득한 딸은 적극적이고 도전적인 사회 적응력을 보일 뿐 아니라 아빠의 격려는 자신의 이미지를 자신 있게 구축하고 아빠 같은 자상하고 지적이며 재미있는 배우자를 선택할 수 있다.

엄마와 아들의 관계

엄마의 상냥하고 따뜻한 보살핌은 안정적인 정서 기반을 제공해줄 뿐만 아니라 자상하고 편안한 배우자를 찾을 수 있는 능력이 발달하게 되어 외모에만 치중하지 않는 현명한 선택을 할 수 있게 된다.

공격성은 누구나 가진 본능 중 하나!

공격적인 것은 본능 중에 하나다. 살아가고자 하는 욕구, 화가 났을 때 표현하는 욕구, 생명을 존중하고 보존하는 욕구, 나를 보호하고 방어하고자 하는 욕구 안에 모두 공격성이 있다. 이러한 공격성을 어떻게, 어느 정도 표현하느냐에 따라 기본적인 방어, 혹은 과잉 방어가 될 수 있다. 공격성의 표현이 지나치지 않게 자신을 방어하도록 도와주는 것이 훈육이다. 공격 본능을 적절하게 통제하면서 내 의사를 잘 전달하도록 도와주는 것이 부모의 역할인 것이다. 부모가 욱해서 참지 못하고 원하는 대로 다 표현하게 된다면 자녀 역시 부모와 같은 방법으로 표현할 것이다. 부모가 소리치고 물건을 던지는 것으로 표현한다면 화가 났을 때는 '저렇게 표현하는 것이구나' 하고 부모의 행동을 배울 것이다. 상대방에게 가장 크게 위협하고 제압할 수 있는 방법을 선택하는 것이다.

공격성은 욕구가 의지대로 잘 표현이 안 되거나 받아들여지지 않을 때, 상대에게 가장 위협적인 방법으로 제압하려 할 때 나타날 수 있다. 그런데 이런 방식은 모방을 통해 답습하는 경우가 많다. 인간 내면의 본능을 자극하여 순간순간 자극이 들어올 때마다 습관적으로 나타나는 것이다. 화가 났을 때 원망이라든지 욕구 불만 등 여러 가지 요인들이 복합적으로 나타나는데, 인내가 부족하고 적절한 언어 표현이 서툰 경우 충동적으로 표현되는 것이 많아 화를 내는 적절한 방법을 연습하고 자기 조절 기술도 익혀야 한다. 어떻게 자신의 감정을 표현하느냐가 사회적 기술을 배우는 데 초석이 된다.

대리 만족과 모방에서 시작되는 공격적인 행동

요즘 아이들은 대중매체 및 컴퓨터 게임을 통해 폭력물, 잔인성과 같은 자극적인 것들을 많이 접한다. 파괴적이고 잔인한 것들을 보면서 욕구 불만이 해소가 된다. 컴퓨터와 게임에 몰입하는 아이들의 특징 중 하나가 자신이 실제로 하지 못하는 것에 대해 대리 만족을 하게 된다는 것이다. 그런데 어느 날은 그곳에 나오는 장면을 똑같이 해 보고 싶어 한다. "정말 이런 일이 일어날 수 있을까, 그러면 화가 풀리나?" 하고 모방을 한다. 어릴 때일수록 그런 폭력물에 대해서는 부모가 완전히 접근을 차단시키는 것이 좋다.

4살 남자아이를 키우고 있습니다. 우리 아이는 놀이터에서 놀다가 자기주장이 관철되지 않으면 괴성을 지릅니다. 그러지 말라고 설명하면 주먹으로 칩니다. 특히 컨디션이 안 좋을 때 더 심해지는데, 어떻게 제어해줄 수 있을까요?

이럴 땐 이렇게

화가 난다는 것은 무언가가 안 돼서 화를 내는 것인데, 아이들은 언어적 미숙과 이해 부족으로 엄마가 설명을 해도 이해가 잘 안 되는 경우가 많다. 아이들은 앞뒤 가리지 않고 무조건 '내 마음 알아줘!'인데, 아이가 소리를 지를 때 부모가 아이를 안아주면서 마음을 읽어주면 어느 정도 마음이 가라앉게 된다. 이런 방법이 잘 통하지 않는다면 소리를 지르는 장소에서 다른 곳으로 이동시켜 진정되도록 도와준다. 놀이터라는 환경은 자신에게 부정적 감정을 일으키도록 자극한 장소이므로 먼저 그 장소를 떠나는 게 아이의 진정에 도움이 된다. 안아주면서 마음을 읽어주며 달래준다. 어느 정도 시간이 지났는데도 계속 투정한다면 "이제 그만"이라고 단호하게 말한다. 이 경우 늘 부딪치는 엄마보다는 아빠가 개입을 하는 것이 더 낫다. 아빠가 되고 안 되는 것에 대한 훈육을 맡고 감정 조절하는 방법을 알려주면 만만한 엄마에게 행동하는 투정과는 다르게 반응한다.

공격성에 대한 부모의 훈육 방법

아이들의 기질에 따라서 훈육 방법이 달라진다. 어떤 부모는 열심히 설명했음에도 불구하고 아이가 못 알아들으니까 '따끔한 맛을 봐야 한다, 너도 아파봐야 한다'며 혼을 낸다. 이런 방법은 온갖 방법을 사용하고도 어쩔 수 없을 때 써야 할 가장 마지막 선택이다. 자녀는 때려서 키우는 것이 아니라 이해하도록 설득하고 타일러서 키워야 한다.

아이들의 과격한 행동이 나타나는 경우에는 먼저 아이의 마음을 이해해줘야 한다. 아이의 감정을 이해하고 인정한 후, 원인을 살펴봐야 할 것이다. 분노와 같은 격한 감정은 부모라는 울타리 안에서 안전하게 표출되도록 하는 연습이 필요하다. 타인과의 관계에서 걸러 내지 않은 행동과 감정을 마구 쏟아 내기 이전에 가정에서 분노의 표현 연습을 하는 것이 우선이다. 감정 반응을 솔직하고 편안하게 표현하되, 행동이라는 격한 반응이 아닌 다른 방법으로도 분노를 다스리는 방법을 가르쳐야 한다. 그러려면 부모와 자녀의 상호 작용 기회가 많아야 하고 부모는 자녀의 특성을 잘 파악해야 한다.

1. 화가 나는 것을 예방하는 표현 활동

분노 표현 방법 중에 적극적이고 활동적으로 할 수 있는 방법들은 자신의 감정지수가 어느 정도인지 체크하는 방법이다.

① 감정온도계

감정온도계를 사용해서 자신의 감정온도가 몇 도에 와 있는지 검토해 보고 너무 뜨겁다면 식힐 수 있는 방법을 생각해 본다.

② 온도 낮추기

뜨겁게 달아올라 화산처럼 폭발할 지경으로 올라와 있다면, SOS 신호이다. 긴급 상황이니, 온도를 내려주는 것이 급선무이다. 온도를 낮추는 방법에는 신문지에 화가 나는 감정을 적어 구기고 찢기, 풍선을 크게 불어서 부모와 함께 터트리는 방법, 펀치 백(베개, 공) 치기 등이 있다. 아이는 신문을 찢고 풍선을 터뜨리고 펀치 백을 두들기고 쓰러트리면서 화가 난 자신의 감정 상태를 알고 또 그 감정을 해소하는 것은 나에 의해 가능하다는 것을 알게 된다. 화의 주체는 본인이며 화를 조절하는 것도 본인이라는 것을 확실히 알게 해주자.

③ 이야기 나누기

자신의 감정을 행동으로 표현한 후에는, 즉 감정을 해소한 후에는 정리·이완하는 과정이 필요하다. 생각과 감정을 행동이 아닌 언어로 표현하는 과정인데, 화가 난 이유, 화났을 때의 심정 등을 부모와 함께 나누고 이후에는 어떻게 행동할지를 정리하며 마무리한다.

2. 화가 나는 현장에 있을 때

① 심호흡하기

자신의 감정을 다스리는 방법 중에 하나인 심호흡은 화나는 감정의 정도를 조절하는 자기 조절법이다. 세 번 아주 깊은 심호흡을 하는 것인데, 배가 쑥 나오고 쏙 들어갈 정도로 깊게 숨을 들이마시고 내쉬도록 하자. 그런 가운데 자신의 감정을 확인하고 자신을 돌아보는 시간을 갖는 것이다. 이것은 평소에 훈련을 열심히해야 효과적이다.

② 그 자리 떠나기

심호흡을 열심히 했음에도 불구하고 화 조절이 잘 안 될 때는 그 자리를 떠나도록 한다. "잠깐! 잠시 나갔다 올게" 하고 그 현장을 떠남으로써 화가 노출되는 자극을 피하는 것이 현명하다. 동네 한 바퀴 돌고 다른 자극들을 수용해서 생각을 중화시킨 후에 현장으로 돌아오자.

③ 이야기 나누기

마무리는 늘 언어로 표현하도록 하는 연습을 해서, 자신의 감정을 표현하는 것을 잊지 않도록 하자. "나는 너의 그런 행동을 보면 가슴이 뛰고 얼굴이 화끈거려", "그렇게 화가 날 때면 나도 나를 어떻게 할 수가 없을 정도로 짜증이 나지"라는 식의 말로 감정을 표현하다 보면 미안한 마음이나 죄책감 없이 개운해지는 나를 만날 수 있게 될 것이다.

> 5살 남자아이인데 아이가 놀이터에서 다른 친구들의 장난감을 갖고 싶어서 친구에게 달라고 했을 때 안 주면 무서운 얼굴을 하면서 뺏으려고 합니다. 그랬다가 친구가 더 무섭게 나오면 눈물을 글썽입니다. 성향이 아주 공격적인 아이는 아니고 툭 건드려 보고 친구가 화나면 도망 다니는 아이입니다. 버스에서도 친구들이 아이와 같이 안 앉으려고 하는데 어쩌면 좋나요?

이럴 땐 이렇게

어린 남자아이라도 자신의 힘을 통해 상대를 제압하려고 하는 경향이 있는데, 이 아이는 힘의 강약을 조절할 줄 아는 아이다. 오히려 상황 판단이 빠른 눈치 있는 아이라고 할 수 있겠다. 그러나 이는 상황에 따라 너무 빨리 자신을 바꾸는 거짓 자아를 보여줄 수도 있으니 훈육 시 유의해야 할 부분이 있다. 아이들은 다른 이보다 힘세고 우월하다는 것을 보여주고 싶어 하는데 그게 잘 안 되니까 소리를 지른다. 유치원 선생님한테 아이들과의 적응 생활을 물어 살펴봐야 한다. 혹시 외톨이가 아닌지, 너무 나서거나 수줍음을 타는 건 아닌지 말이다. 엄마가 친한 친구를 집에 초대해서 아이의 특성을 보도록 한다. 친구들과 어떻게 어울리고, 특히 어떤 아이와 어울리고 좋아하는지 파악한다. 생일에도 아이들을 많이 초대하자. 그래서 아이가 여러 아이들과 어울릴 수 있는 방법들을 관찰하고 지도하도록 하자.

소유욕이 강한 아이들, 형제간에 나이 차이가 많아 나눔이 잘 안 되는 아이들, 나눔에 대해서 배려가 없는 아이들이 있다. 형제간에 나이 차이가 많은 경우에는 혼자만 자랐기 때문에 나중에 어린 동생과 경쟁 욕구가 많이 생길 수 있으니 엄마가 신경 써야 한다.

행동 교정을 부르는 칭찬

아이가 자꾸 친구를 때리고 욕해서 선생님께 야단맞고 늘 지적을 받고 오면 부모들은 아이들을 체벌한다. 하지만 체벌 자체가 오히려 대인관계에서 공격성을 드러내는 원인이 될 수 있다. 매를 맞을 때 느낀 극렬한 감정만 남아서 자신이 잘못했다는 행동에 대한 반성보다는 억울함, 분노, 공포심, 원망이 더 쌓이게 되어 만만한 대상에게 표출하는 역효과를 낳게 된다. 행동의 교정은 아이 자신이 스스로 생각하고 고쳐야겠다는 결심이 생겨야 이루어진다.

다그침, 잔소리, 빈정거림은 화를 자극하는 요소가 된다. 아이의 고칠 점만 찾아서 잔소리하기보다는 좋은 행동을 할 때, 친구와 다투지 않고 오거나 얌전히 있을 때, 맛있게 식사를 할 때와 같이 바람직한 행동을 했을 때 그 순간을 놓치지 않고 칭찬을 해주도록 한다.

아이가 민망해 하거나 쑥스러워 하더라도 사소한 것에도 칭찬해주면 아이는 우쭐해지면서 자기 자신을 '꽤 괜찮은 아이'로 보기 때문에 점차 공격적 행동이 감소한다.

저희 아이는 초등학교 2학년 남자아이입니다. 무척 개구쟁이인데, 공격적이기까지 합니다. 친구들하고 놀 때도 자기 생각과 다르다거나 불리하다 싶으면 욱해서 소리를 지르거나 밀치고 때립니다. 그런데 집에서는 전혀 안 그러고 오히려 동생들을 데리고 잘 놉니다. 왜 친구들 사이에서만 이런 행동을 보이는 걸까요?

이런 땐 이렇게

아이가 이런 행동을 하는 이유는 학교에서 스트레스를 많이 받기 때문이다. 충동적인 아이들은 속으로 삭히지 않고 바로바로 표현을 해서 다른 아이들에 비해서 공격성이 더 많다. 공격적인 성향을 가진 아이들 중에서 집중력이 떨어지고 산만한 아이들이 있다. 그래서 다른 아이들에 비해 선생님 눈에 많이 띈다. 아이 입장에서는 화가 나고 억울하다. 1학년 때부터 억압되고 쌓인 분노가 선생님의 지적을 받아서 더 크게 폭발하는 것이다.

우선 집중력이나 산만한 것을 부모가 잡아줘야 한다. 이것은 기질적인 영향도 있다. 뇌에 산만함을 조절하는 부분이 아주 미숙해서 다른 사람에 비해 얼마 참지 못하기도 한다. 이런 경우에는 훈련을 해야 한다. 부모 자녀가 함께 호흡법으로 조절해 보자. 약 1분 간 천천히 호흡 조절하는 연습을 하자. 조금씩 매일매일 처음에는 20초에서 시작해 시간을 늘려 가는 연습을 한다. 이를 반복 연습하는 것이 좋다. 학습지 숙제도 몇 문제 풀고 나서 금세 포기하거나 한꺼번에 다 해버리는 특징을 가지는데, 이것도 매일매일 10분씩 앉아서 문제 푸는 연습을 해야 한다. 그때는 엄마도 책을 읽어 조용한 분위기를 만들어줘야 한다. 이를 일주일 동안 연습한다. 그리고 2주차 때는 15분으로 시간을 늘려간다. 물론 아이마다 적응 시간이 조금씩 다르기 때문에 아이의 능력에 따라 조금씩 늘리고 절대 무리하지 말자. 힘들고 피곤한 활동이지만, 그래야 아이가 고학년이 돼서 학습 문제가 괜찮아지고 친구 관계와 선생님과의 관계가 좋아진다. 선생님을 만나서도 아이의 장점을 부추겨줄 것을 부탁하는 것이 좋다.

부모의 행동이 도덕성의 기준

도덕성이 발달하는 시기가 있는데, 그때 자아도 발달하면서 초자아라는 성격이 발달된다. 성격에 '이러면 안 된다', '길 건널 때 빨간 불이 아니라 파란 불로 바뀌면 건너야 된다', '거리에 함부로 쓰레기를 버리지 말자' 처럼 도덕적 규범에 맞는 지시나 명령을 내리는 체계가 있다. 이러한 성격이 발달되면서 도덕성이 발달된다. 그런데 '우리 엄마가 빨간 신호등에도 건너더라' 하면 아이들이 '이래도 되는 구나' 라는 융통성이 생겨서 죄책감을 서서히 잃게 된다. 그래서 부모들의 도덕성이 확립이 되어 있어야 한다. 부부 싸움을 할 때도 큰소리가 나고 심각해진다 싶으면 집 밖으로 나가는 게 좋다.

엄마의 감정 조절

엄마로서 노력하지만 화가 불쑥불쑥 튀어나올 때 엄마는 나 자신에 대해서 생각하는 시간을 가져라. 왜 감정 조절이 잘 안 되는지 곰곰이 생각해 보자. '내가 어릴 때도 이렇게 화를 많이 냈었나?', '아이를 키우면서 어떤 스트레스가 있나?' 내가 나를 반성하는 내성(성찰)의 시간을 많이 가지면 감정 조절에 도움이 된다. 많이 힘들다면 전문가를 찾아 상담을 받아 보는 것도 좋다. 내가 나 자신에 대해서 잘 모르겠다 싶으면 다른 사람에게 전화해 보는 것도 좋은 방법이다. 친구들에게 "나 고등학교 때 어땠어? 뭘 좋아했던 것 같아? 내가 그렇게 불쑥불쑥 너한테 화를 냈었니?" 하고 물어도 보고, 부모님께 "엄마, 나 어릴 때 어땠어요?" 하고 물어서 '내가 이런 자극을 받으면 화가 엄청 많이 나는 스타일이구나' 하며 어떤 것 때문에 화가 나는지 확실히 알아야 한다. 그래야 괜한 사람에게 화풀이하지 않는다.

03 대물 집착증은 위로의 대상을 찾는 행동이다

세 아이(큰아이 6살, 3살 쌍둥이) 중 큰아이가 베개에 집착을 많이 했습니다. 그러다 괜찮아질 무렵 쌍둥이 중 잠시 떨어져 살았던(7개월부터 15개월까지) 둘째가 베개에 심하게 집착을 하기 시작하니까 큰아이도 다시 집착을 보이기 시작합니다. 나중에는 막내까지 따라서 집착을 보입니다. 쌍둥이는 어린이집에 갈 때도 베개를 가지고 다닐 정도입니다.

이럴 땐 이렇게

형제가 많으면 엄마의 사랑을 나누어야 하기 때문에 사랑의 욕구가 충족되지 않는다고 여기는 아이들은 허전함을 많이 느낀다. 그래서 엄마를 대신할 수 있고, 나를 위로하고 위안하고 자기를 달래줄 수 있는 무언가를 찾게 된다. 엄마와 떨어져 있었던 아이들은 더욱 이런 대상에 집착하게 된다. 엄마가 억지로 떼어 내면 아이들은 더더욱 매달리게 된다. 엄마가 큰아이에게 "아직도 엄마한테 아가처럼 행동하고 싶은데, 엄마가 동생들 많다고 큰형처럼 행동하라고 하지?"라고만 인정해주고 "베개랑 같이 있고 싶어?" 하고 감정을 읽어준 뒤 그냥 놔둬라. 베개가 너무 더럽기 때문에 걱정이라면 세 아이 모두 함께 목욕놀이를 시킨다. 엄마도 함께 들어가서 "애들 오늘은 깨끗해지는 날이네? 향긋한 냄새 누가 더 많이 나나?" 하면서 재미있게 상황을 꾸며가며 빨아주면 된다.

자기 위로의 방법 중 하나가 자기 신체를 통해 위안을 받는 것이다. 자신의 손가락을 빨거나 자위를 하는 행동인데, 중간 대상을 못 갖고 놀게 하면 손가락을 더 빨게 되므로 "이게 네 친구 같구나? 얘도 자라고 인사하자" 하면서 행동과 마음을 인정해주고 달래주자. 누구를 때린다거나 하는 문제행동을 일으키는 것이 아니라면 언젠가는 사라지는 행동이기 때문에 인정해주고 함께 나누려고 하는 것이 낫다. 형제자매가 많아 엄마를 독차지할 시간이 훨씬 부족하다는 것을 알고 엄마를 대신할 보모를 주자는 마음으로 이해하면 된다.

대물집착증이란?

대물집착증이란 자신에게 위안과 위로의 대상이 될 수 있는 물건에 특정한 관심과 집착을 보이는 것을 말하는데, 지니지 않으면 왠지 불안하고 안절부절못하게 된다. 낯설고 불안한 환경에서는 더욱더 절대적으로 의존하는 증상을 보인다. 접촉 위안을 주는 대상에는 담요, 베개, 헝겊인형, 배내옷을 들 수 있다. 유명한 만화 〈스누피〉에서도 주인공 남자아이인 라이너스가 안정감을 찾기 위해 늘 담요를 들고 다니는 것을 볼 수 있다. 이와 더불어 자동차, 로봇, 인형 등이 있고, 초등학생의 경우에는 팬시류, 문구류, 게임 카드, 스티커, 딱지, 열쇠고리, 머리핀, 돌 등 다양한 물건들이 있다.

초등학교 5학년인데 어렸을 때부터 지금까지 이불을 너무 좋아합니다. 어린 나이도 아닌데 그냥 놔둬도 될까요?

이럴 땐 이렇게

아이가 다른 활동은 어떻게 하는지를 살펴보자. 이불에 집착하느라 다른 활동들을 제대로 못하면 아이 발달에 지장을 준다. 친구네 집에 놀러가서도 친구와 함께 노는 것이 아니라 이불과 놀고 있거나, 주말에 매일 집 안에만 틀어박혀 있거나 하면 문제가 된다. 바깥에서 많은 활동을 하고 있고 단지 집에서 쉬거나 잠자리에 들 때 이불을 찾는다면 문제가 되는 것은 아니므로 걱정하지 않아도 된다. 다른 활동에 지장을 주지만 않는다면 편안한 감정을 찾기 위해 필요한 대상이라 괜찮다.

아이들에게 대상이 필요한 이유는 접촉 위안을 받기 위한 것이라고 할 수 있는데, '블랭킷 증후군(blanket syndrome)'이라는 말이 나올 정도로 담요에 집착하는 아이들이 많다. 아이들은 편안한 감정을 찾기 위해 대상에 집착하게 된다. 안정을 찾기 위해서 누군가가 항상 옆에 있어줘야 하는데, 그 대상이 사람이 아니라 사물이라고만 생각하면 된다. 결국 그 사물을 대신할 것은 사람이다. 어린 시기에는 부모, 특히 엄마가 우선이고 성장하면서 또래가 된다. 초등학교 5학년 정도라면 엄마 품에서 벗어나는 시기니 친구들과의 관계가 어떤지도 봐야 한다. 친구들과의 관계가 원만하고 좋은 편이라면 이런 모습은 큰 문제가 되지 않는다고 보면 된다.

블랭킷 증후군이란?

블랭킷은 담요를 뜻하는 것으로, 어린아이들이 안정감을 찾기 위해 늘 담요를 지니고 다니는 것을 보고 이름 붙여진 증상이다. 말하자면 담요 의존증이라고 할 수 있는데, 자신 옆에 위안이나 위로가 되는 대상이 없으면 마음의 안정을 찾지 못하고 안절부절못하는 증상이다. 옛날 병사들이나 사무라이들이 총, 칼이 없으면 늘 불안해서 항상 허리춤에 차고 다니던 것도 이런 증상 중에 하나일 수 있다.

6살과 4살 여자아이가 있는데, 큰아이는 돌 때부터 손수건을 만지면서 자서 손수건이 없으면 못 잘 정도입니다. 작은아이는 엄마의 점을 피가 나도록 뜯고 만집니다. 어떻게 해야 좋을까요?

이럴 땐 이렇게

큰아이의 경우 활동량이 적어 심심해 하는 편이라면 아이가 좋아하는 것, 말하자면 취미나 아이에게 맞는 적성을 찾아주는 것이 좋다. 미술을 좋아한다면 일주일에 1~2번만 미술학원에 가서 그림을 그리는 것이 아니라 매일매일 일상생활에서도 자연스럽게 그림을 그리고 접하도록 도와준다. 식탁 또는 탁자에 스케치북, 크레파스, 색연필을 다 두고 매일매일 그리도록 환경을 만들어줘야 한다.

작은아이처럼 점을 만지는 것 외에 엄마의 머리카락, 귀, 팔 안쪽의 부드러운 살, 배, 손가락을 잡고 자는 등 여러 유형의 아이가 있다. 작은아이가 평상시 좋아하는 인형을 잠들기 전에 옆에 놔두어라. 엄마와 아이 사이에 끼워 놓고 손을 잡은 후 엄마 점을 뜯고 싶을 때는 인형을 뜯으라고 얘기해준다. 점과 같은 역할을 할 수 있도록 단추를 달아줘도 좋겠다.

잘 때 외에도 엄마의 점을 만지는 것은 사랑의 표현이다. 앞서 말한 접촉 위안이라는 것은 터치이고 스킨십이며, 만지고자 하는 욕구이다. 엄마가 거부감만 안 느끼면 되는데, 점을 피가 날 정도로 뜯는 것에 대해서는 말을 해줘야 한다. "내가 널 너무 좋아하고, 너도 날 너무 좋아하는 건 알겠는데 엄마가 너무 아파. 좋아하는 사람을 아프게 하면 안 되지. 그러니 계속 하고 싶으면 곰인형에게 해 보자" 하고 얘기해줘라.

대물집착증과 애착의 차이점

심리발달 측면에서 보면 대물집착은 정상적인 발달 과정을 말하는 것이다. 하지만 집착이라고 하는 것은 문자 그대로 맹목적으로 매달리는 현상이라, 지나치면 아이들의 성장 발달에 방해가 될 수 있다.

태어나서 아이들은 바로 독립적으로 생활할 수가 없기 때문에 자신을 돌봐주고 놀아주는 대상에게 절대적으로 의존하게 되니 양육자를 따르고 함께하려는 행동은 자연스러운 현상이다. 양육자와 친밀한 관계를 형성하고 좋아하고 사랑하는 감정은 후에 타인을 만날 때 자연스럽게 전이되는 것이다. 이런 과정에서 감정적 유대 관계, 즉 애착이 형성된다. 어릴 때 이런 건강한 애착이 형성되지 못하게 되면 사랑과 관심, 인정받고 싶은 욕구가 충족이 안 되어 과잉 요구하고 매달리게 되는데 이것이 집착이다.

아이가 성장 발달하면서 서서히 양육자로부터 신체적으로 독립되고 분리되면서 자신만의 독특한 개체를 형성하게 되는데, 이 과정에서 아이들은 독립에 대한 갈망과 더불어 분리에 대한 불안과 두려움을 동시에 느끼게 된다. 그래서 엄마 품처럼 포근하고 향긋함을 전달해주는, 나를 달래주고 위로와 위안을 줄 수 있는 대상을 선택해서 중간 대상을 삼는 것이다. 이때 아이들이 선택하는 대상은 포근하고 부드럽고 안정감을 주는 것이 대부분이다. 엄마는 늘 내 옆에 있지 못하기 때문에, 엄마를 내 곁에 붙잡아 둘 수 없으니까 다른 대상을 찾는 것이다. 그래서 아이들은 이불, 배냇저고리, 베개, 인형과 같은 것들에 집착을 하고, 조금 더 크면 자동차, 로봇, 더 크게 되면 스티커, 게

임용 카드, 팬시 문구류, 머리핀, 자갈, 조개껍데기 등을 중간 대상으로 삼는다. 이것들이 중간 대상의 대표적인 예이다. 돌에서 두 돌 정도 되면 집착을 많이 하다가 서서히 다른 대상이 나타나면서 자연스레 관심 영역에서 사라지게 된다. 그 의미를 잃어버리게 되는 것이다.

아이가 이불에 집착하는 경우를 보자. 더러워지고 너덜너덜해도 절대로 빨거나 버리지 못하게 한다. 이불은 아이 곁에 항상 함께 있어야 하고 늘 그 냄새 그대로 간직하고 있어야 한다. 이불이 갖고 있는 특유의 냄새는 아이들이 좋아하는 푸근하고 향긋한 냄새이다. 세탁을 하면 이불의 고유 냄새가 사라지게 되는데 아이들은 이불과의 경험이 끊어져버린다고 생각해 빨래하는 것을 싫어한다. 하지만 시간이 지나고 다른 대상과의 경험에서 어느 정도 안정감을 찾은 아이들은 이불에 대한 의미를 잊어버린다. 중간 대상은 일상생활을 방해할 정도로 심각하지 않다면 아이들이 독립하고 성장하는 데 필요한 대상이라 할 수 있겠다.

애착과 부모의 역할

아이들이 건강하게 중간 대상을 분리하지 못하게 되면, 즉 강제로 빼앗겼거나, 위로의 대상이 아예 없었거나 하게 되면 성장해서 다른 환경에서 만나는 대상 예를 들면 친구, 선생님, 이웃들과의 관계 형성에서 사회적 기술이나 대처 능력이 떨어져서 적응에 어려움이 생길 수 있다. 늘 강조하는 것처럼 관계에 어려움이 있게 되면, 학업이나 일상생활에도 지장을 주어서 학습에 대한 집중력, 흥미도 떨어지게 되고, 자신감도 부족할 수 있다. 애착은 정서적 안정성과 대인 관계의 가장 중요한 기초이다. 어릴 적 초기 경험은 아이의 일생에 영향을 미치기 때문에 심리적 안정감을 제공해주어야 할 최초의 대인관계를 맺는 부모의 역할은 절대적으로 중요하다. 아이를 전적으로 수용하고, 믿고, 여유를 갖고 기다려주는 태도가 필요하며 아이의 집착이 서서히 흥미를 읽게 될 때 타인과 함께할 수 있는 시간을 제공해주고 흥미 있는 환경을 마련해야 한다. 이때 즐겁고 행복한 경험이 아이가 독립하는 데 큰 힘이 된다.

04 EBS 라디오 멘토 부모

산만한 아이는 집중력을 향상시켜야 한다

7세 여자아이입니다. 아이가 집중하는 시간이 짧고, 특히 의자에 가만히 앉아 있지를 못하고 들썩거리는데 그렇다고 학습 능력이 떨어지는 편은 아닙니다. 어떻게 지도해야 좋을까요?

이럴 땐 이렇게

이런 경우엔 아이를 그냥 놔두는 것이 좋다. 아이들마다 보이는 행동 특성이 다 달라서 어떤 아이는 가만히 있고 어떤 아이는 손을 꼼지락거리는데 학습에 지장을 줄 정도가 아니라면, 다시 말해 과정이 눈에 거슬리고 더디 걸리더라도 맡은 바 책임을 제대로 수행했다면 굳이 엄마가 지적할 필요는 없다. 아이 나름대로 집중하는 방법 중에 하나일 수도 있다. 매사에 바른 행동만을 강조하는 잔소리가 스트레스로 작용하여 집중하는 데 방해를 할 수 있다.

행동의 모방이라는 측면에서 보면 부모들이 먼저 모범을 보이는 것이 좋다. 아이들과 대화할 때 이 얘기, 저 얘기, 두서없이 산만하게 이야기하는 경우가 있다. 이야기 요점을 잘 찾고 한 번에 한 가지씩만 전달한다면, 역할 모델로서 충분히 도움을 줄 수 있을 것이다. 차분하게 행동하고, 말을 급하게 쉴 새 없이 하는 것이 아니라 천천히 또박또박 설명해주도록 하자.

산만하다고 모두 ADHD는 아니다

흔히 활동량이 많고 집중력이 부족하고 충동적인 아이들에게 ADHD, 즉 주의력 결핍 및 과잉행동장애라는 진단명이 붙여진다. 물론 산만한 아이에게 모두 이 진단이 붙여지는 것은 아니다. 아이들이 새로운 환경에 적응하기 두렵거나 안정적이지 못할 때에도 안절부절 못하고 주의를 기울이지 못하기 때문에 이 진단은 증상에 대한 정확한 관찰과 평가를 통해서 이뤄져야 한다.

ADHD는 아동, 청소년, 성인 모두에게서 나타나는 증상으로서, 연필을 돌리거나 다리를 떨거나 책상을 두들기는 등 손발을 가만히 두지 못하고 꼼지락거리거나 활동이 지나쳐서 수업시간에도 돌아다니고 주위의 사람들의 정신을 빼 놓거나 소란스러운 경우, 질서와 규칙 엄수가 안 되고, 인내가 부족하여 사람들에게 지적받아도 충동적으로 행동하여 급하고 이기적이고 성질이 고약하다는 비난을 받는 경우, 남의 말을 경청하지 못하고 자꾸 딴소리를 하거나 중간 중간 끼어들고 끝까지 듣지도 않고 결론을 내려 타인을 존중하지 않는다는 평가를 듣는 경우, 문장을 큰 소리로 읽으라고 했는데도 끝까지 마무리를 짓지 않거나 다른 주제로 화제를 돌리거나 조사를 빼먹고 읽는 등의 실수를 자주 하고, 물건을 자꾸 잃어버려서 신중하지 못하다는 평가를 받는 경우 등이 있다. 산만한 아이는 과잉행동을 하는 아이가 있고, 주의집중이 떨어지는 부주의한 아이, 충동성이 있는 아이의 경우가 있는데, 이런 특성이 종합적으로 해당하는 경우에 ADHD라는 진단을 내린다. 물론 과잉행동 부분만 심하거나 주의력과 충동성이 심하게 두드러지는 아이 등 행동의 차이는 보인다. 이런 증상이 있는 아이들은 자신의 행동에 대한 지적만 받고 끝나는 것이 아니라 남에게도 피해를 주기 때문에 대인관계 형성에 어려움을 주어서 친구가 적고 피해 의식과 열등 의식이 많다.

산만한 아이들이 보이는 학교에서의 행동 유형을 정리해 살펴보자.
① 한 자리에 가만히 있지 못한다.
② 어떤 활동을 할 때 다른 자극이 들어오면 바로 집중이 분산된다.
③ 자꾸 잃어버린다(윗옷, 신발주머니 등 물건을 놔두고 오는 경우).
④ 급식이나 발표 시간에 기다리는 것이 잘 안 된다(선생님 말씀이 끝나기도 전에 "저요! 저요!" 하는 경우).
⑤ 인내력, 책임감도 부족하며 충동적이다.

⑥ 학습적인 부분에서는 끝까지 문장을 읽지 않고 지시를 완수하지 않는다.

⑦ 충동적으로 말하고 행동하며, 배려가 부족하기 때문에 교우 관계도 좋지 않다.

⑧ 자꾸 지적을 받아 죄책감, 피해 의식, 반항, 공격성이 커진다.

초등학교 1학년 남자아이인데, 집 안에서 차분히 걸어 다니지 못하고 소파에 몸을 날리는 행동을 합니다. 그런 면에서는 산만하다고 생각하다가도 좋아하는 한자 수업 시간에는 학습 준비도 잘하고 조용하다는 평가를 받고 있어 아이가 어떤 편인지 헷갈립니다.

이럴 땐 이렇게

환경이 산만한 경우도 아이가 집중을 못하는 데 영향을 미친다. 예를 들어, 동생이 심하게 운다거나 엄마와 동생이 거실에서 너무 재밌게 논다거나 가족이 TV를 켜 놓고 열심히 보고 있다거나 하면 아이들이 집중을 하고 싶어도 집중하기가 힘들다. 그래서 이런 아이들에게는 특히 환경의 조성이 중요하다. 아이가 공부할 수 있도록 시간과 분위기를 배려해주는 것이 중요하고, 에너지를 발산할 기회를 주는 것이 좋다. 아이에게 방과 후 한자 공부 끝나고 앉아서 하는 활동 말고 신체 전체를 움직일 수 있는, 대근육을 움직일 수 있는 활동을 시키는 게 좋다. 에너지 발산 기회가 없어지면 아이 나름대로 쌓이는 스트레스, 에너지 등을 풀 수가 없다. 그러므로 축구, 수영, 농구, 배구 할 것

없이 모두 좋으니 이런 기회를 만들어줘야 한다. 일주일에 최소한 2~3번 이상 하도록 하고 부모와 매번 함께하기 어렵다면 혼자 나가서 축구를 하게 해주자. 그러다 보면 친구를 만날 수도 있고, 아이가 혼자 하기 심심하다고 하면 형제들과 함께 가족 모두가 나가서 즐기도록 하자. 나이가 들면 들수록 에너지 발산 기회를 더 많이 주어야 한다.

산만한 행동을 하는 이유

산만함의 원인을 크게 네 가지 범주로 나눌 수 있다. 첫 번째는 화학적인 것으로, 신경 전달 물질이 제대로 전달이 안 되어 뇌에 활성화가 잘 안 된다는 이유가 있고, 두 번째로는 신경심리학적 요인으로 전두엽 기능에 장애를 일으켜서 정보 처리를 하는 데 결함이 일어나는 것이다. 이 부분을 실행 기능이라고 하여 실행 기능에 장애가 일어난다고 본다. 예를 들어 기업의 총수나 매니저가 제대로 지시를 내리지 못하면 사원들이 목표를 잡고 계획을 세우는 데 있어서 올바른 잣대가 없기에 자기 멋대로 일처리를 하게 된다.

세 번째는 유전적인 요인이다. 한 쌍생아 연구에서는 한 아이가 산만하면 다른 쌍생아도 산만할 수 있는 가능성이 50% 이상이라고 보고했으며, 부모로부터 받은 유전자에 의해서 산만한 경우가 30% 이상까지도 올라가는 경우가 있어서 유전적인 요인이 큰 영향을 미친다는 결과가 나왔다. 부모의 성격 특성, 양육 방식과 대처하는 능력, 또래와의 관계, 학교생활과 같은 여러 환경적인 부분도 아이의 산만함을 부추길 수 있음을 유념해야 하겠다.

산만함의 환경적 요인 중에서 부모의 양육 방식과 대처 방법에 의해서도 영향을 미칠 수 있다고 했듯이, 산만한 행동을 하고 싶어서 하는 아이는 없을 것이다. 아이 자신이 산만한 행동을 적절하게 조절을 못하는데 부모가 아이의 부족한 부분을 매사에 감시하며 사사건건 지적하고 바로잡으려고 하다 보면, 아이들은 오히려 긴장과 불안으로 안절부절못하고 더 심하게 산만한 행동을 보인다. 아이가 잘하는 행동에 대해서는 '당연하지'라고 생각해 지나가고 못하는 행동에 대해서는 자꾸 지적하고 잔소리하고 비난하면, 아이들은 자신을 열등하고 못난 아이로 인식하고 마침내 나는 원래 이런 아이라면서 자신을 포기하게 된다. 자존감이 낮아지는 것은 물론, 열등감과 피해 의식, 반항, 우울증까지 생길 수 있다.

자녀의 장점을 50가지 정도 찾을 수 있는 부모가 과연 몇이나 될까? 반대로 자녀의 단점, 약점, 고쳐야 할 점을 50가지 찾아보라고 하면 그 이상을 찾아내는 부모는 셀 수 없이 많을지 모른다. 이렇듯 부모 눈에는 자녀의 변변치 못한 점, 부족한 점, 고쳐야 할 점만 보이기 마련이다.

산만한 아이들의 부적절한 행동을 감소시키기 위해서는 아이의 장점과 강점을 찾아서 강화시키는 방법을 사용해야 한다. 아이 자신이 행동의 주인이 되어 행동을 통제하도록 힘을 키우기 위해서는 잘못된 행동, 부정적인 것에만 관심을 두는 것이 아니라, 긍정적인 부분을 칭찬하고 강화시켜야 한다. 그래서 행동의 훈련법을 통해 자신의 감정과 행동을 조절할 수 있다는 자신감과 자긍심을 키워주어야 한다.

산만함의 환경적 요인 중 하나로 임신 시에 엄마가 흡연이나 음주를 많이 했다거나 좋지 않은 환경에 노출됐을 때 영향을 미친다는 연구도 있으니 건강한 태내 환경이 중요함도 잊지 말자.

> 초등학교 2학년 아이인데, 자기가 좋아하는 책이나 TV를 볼 때는 집중을 잘하지만 숙제하거나 학습지를 풀 때는 집중을 못하고 딴 짓을 많이 합니다. 금방 끝낼 수 있는 학습지도 1시간 이상 걸립니다. 집중력을 높일 수 있는 방법이 있을까요?

이럴 땐 이렇게

아이가 공부할 때만 그런다면, 그 과제가 과연 아이가 좋아하는 것인지, 어렵지는 않은지 살펴봐야 한다. 과제가 아이 수준에 비해서 어려운 단계에 있는 것이라면 아이가 집중하기 어렵기 때문에 산만해진다고 생각할 수 있다. 다른 활동이 아닌, 이렇게 과제를 수행할 때만 아이가 산만해 보인다면 과제 수준을 테스트해 보는 것이 좋다. 만약 과제 수준이 높다면 수준 단계를 내리고, 집중할 수 있는 시간을 1시간 주는 것이 아니라 20~30분 과제를 수행하고 10분 정도 쉬게 하는 식으로 전략을 짜주는 게 도움이 될 수 있다.

산만한 아이 구분법

식당에 가면 식탁 의자에 앉아 있지 못하고 뛰어다니는 아이를 엄마가 잡으러 다니는 모습을 종종 볼 수 있다. 이렇게 가만히 있지 못하는 아이들 활동성이 많은 아이인지, 산만한 아이인지 판단하기 헷갈리는 경우가 있다.

식당에 갔을 때 음식이 나오면 돌아다니던 아이도 앉아서 식사에 집중하게 된다. 이런 아이들은 산만하다고 보지 않지만, 배가 고픈 데다 맛있는 음식이 나왔음에도 불구하고 다른 자극(주변에서 시끄러운 소리가 들린다거나 매력적인 무언가가 있으면)이 들어오면 일어나서 바로 자극의 원천을 찾아 달려가는 아이들이 있다. 이때 엄마가 "이리 와, 어서 와"라고 여러 번 주의를 주어도 듣는 둥 마는 둥 계속 돌아다니면 산만하다고 볼 수 있다.

보통 유치원 이전의 아이들이 한자리에 앉아 한 가지 활동을 10여 분 이상 집중해서 하게 되면 산만하다고 할 수 없다. 자기가 좋아하는 책을 읽을 때 10여 분 이상 가만히 앉아서 몰두해 있고 책의 내용을 알고 있으면 산만하다고 할 수 없다. 초등학생의 경우 저학년은 10~20여 분 이상, 고학년은 20~30여 분 이상을 한자리에서 한 가지 활동에 몰두할 줄 알아야 한다. 한 자극에 의해 몰두하지 못하고 쉽게 주의가 흩어진다면 산만함을 의심해 봐야 하고, 물론 아이의 발달 수준에 따라 집중 시간이 달라짐도 유념해야 한다. 아이가 성장하면서 집중하는 시간이 점차 늘어나야 하며, 자기가 좋아하는 일에 몰두해 있을 때는 다른 자극이 들어와도 크게 흔들림이 없어야 한다.

많은 사람들이 남자아이가 여자아이보다 더 산만하다고 생각하는데, 연구에서도 남자아이들이 여자아이들보다 3~5배 이상 산만하다고 보고되고 있다. 이는 공간 관련 활동을 즐겨하는 남자아이들이 활동량이 많은 것처럼 보여서 산만하다고 느껴지기 때문이다. 과잉행동은 성장하면서 어느 정도 줄어들지만 부주의, 충동성은 그냥 두면 해결하기가 쉽지 않다.

> 8살 남자아이인데 무엇을 하면 잠시도 가만히 있지 못하고 돌아다니고, 시끄러운 소리에 반응을 많이 하며, 학습지를 할 때 엉뚱한 질문을 합니다. 반면에, 레고나 컴퓨터 게임에는 집중을 잘합니다. 학교 담임선생님과의 상담에서도 산만하다고 하며, 수학 시험을 보면 간혹 100점을 맞기도 하는데 평균 점수 폭이 큰 편입니다.

이럴 땐 이렇게

이런 아이들은 학업 성적이 오르락내리락하는 등 기복이 심한 경우를 흔히 볼 수 있다. 특히 국어나 수학 성적이 일정하지 않고 70점도 받았다가 100점도 받아 오는 등 점수 차가 심하다 보니 부모들은 도통 이해하기가 어렵다. 그러니 아이들에게 정신 차리라고 혼내기가 일쑤다. 점수를 일정하게 70점을 맞으면 '아이가 또래에 비해 능력이 떨어지는구나' 하고 생각할 수 있겠지만, 어떤 때는 100점도 맞으니까 엄마가 포기할 수가 없다. 아이를 제대로 가르쳐야겠다는 욕심이 생기기 때문이다.

이런 경우 엄마가 코치가 되어 아이를 훈련시키고 노하우를 알려주는 역할을 해야 한다. 공부하는 방법을 알려줘야 하는데, 그건 아이들마다 개인차가 있어 모두 다르다. 어떤 아이는 20분 앉아 있는 것도 어렵고, 어떤 아이는 1시간도 거뜬히 앉아 있을 수 있다. 어떤 아이는 한 쪽만 풀어도 되고, 어떤 아이는 다섯 쪽을 풀어야 이해가 가능하다. 엄마는 아이에게 맞는 학습법을 개발해야 한다. 그리고 중간에 꼭 쉬어야 한다.

아이가 학습지 하는 것 자체를 싫어한다면, 학습지 내용이 너무 어렵지 않은지를 파악하고, 엄마가 보기에 어렵다 생각되면 그 분량을 쪼개서 진행하도록 한다. 또, 잠잘 때 쉽고 재밌는 책을 한 문장씩 아이와 엄마가 번갈아 가며 읽는 연습을 시켜주면 좋다. 그리고 정서적인 안정을 찾게 해주는 것도 잊어서는 안 된다.

가정 및 학교에서의 지도법

제일 신경 써야 할 것은 가족 내 규칙을 세워 그 규칙을 지키게 하는 것이다. 그다음 아이만 문제아라고 규정하지 말아야 한다. 문제 행동은 누구나 다 갖고 있는데, 그게 어떤 사람은 참기 힘들 정도로 거슬릴 수 있고, 어떤 사람에게는 눈 감아줄 만한 상황일 수 있다. 가정 내에서 우리 자녀만 잘못되고 있다는 생각을 버리고 아이에게만 행동의 변화를 요구하는 것이 아니라 부모, 다른 자녀, 온가족이 함께 행동에 변화를 주도록 하자.

행동 변화를 할 때는 벌칙과 상을 적절하게 사용해야 하는데, 문제를 보이는 한 자녀에게만 벌칙과 상을 주는 게 아니라 다른 자녀에게도 행동의 변화 계획표를 만들어서 적용해야 한다. 물론 이때 행동 변화 목표는 각 자녀마다 다를 수가 있다. 부모도 자녀들이 요구하는 행동의 변화를 계획표로 만들면 자녀의 행동을 변화시키는 데 효과적이다. 공평함, 경쟁심은 자녀의 동기 유발에 도움이 된다. 이때 모든 계획과 평가는 부모 독단적으로 진행해서는 안 되고, 가족 회의를 통해 가족 구성원의 의견을 묻고 동의한 가운데 이루어져야 한다.

또한 엄마 아빠가 차분하게 생활하고, 부부 싸움을 줄이고, 과격하고 공격적인 행동을 많이 없애며, 계획성 있는 생활을 하면 이런 부분들이 아이에게 본이 되어 아이가 점차 배워 간다. 진짜 심각하다 싶으면 반드시 전문가를 찾아가서 도움을 받아야 한다. 어릴 때 조기 치료를 빨리하면 할수록 아이들의 행동은 점점 더 좋아진다. 한 가지 방법만으로는 치료가 적절하지 않으므로 여러 가지 방법을 동원해서 개인에게 맞는 치료를 해야 한다는 것도 알아 두자.

수업 시간에 딴소리를 하는 아이의 경우를 보자. ADHD 아이들의 특성은 바로 그 순간 생각날 때 얘기하지 않으면 시간이 잠깐 지났어도 '무슨 생각을 했었지?' 한다는 것이다. 심각한 아이들은 머릿속에 여러 가지 생각이 동시다발적으로 일어나기도 한다. 그래서 부주의하고 충동적인 아이를 담당한 선생님은 아이에게 하고 싶은 이야기를 공책에 기록해 보라고 지도하는 것이 좋다. 지금은 다 들어줄 수 없기 때문에 수업이 끝나고 나면 가르쳐주겠다고 하고 적어 놓게 한다. 이런 아이들은 사회적인 맥락을 파악하는 능력이나 눈치가 없다. 질문을 했음에도 자신의 말을 안 들어주고 다른 아이들만 시킨다고 생각해서 '나만 미워해'라고 여겨 억울해 할 수가 있다. 때문에 이와 같은 방법을 써서 아이가 상처를 덜 받고, 선생님에게 사랑 받고 관심 받는다는 것을 확인할 수 있게 해준다. 만약 이 방법으로도 힘이 든다면 상담을 받아 보는 것이 좋다.

실천 4단계: 'stop', 'set', 'think', 'go'

산만한 아이들의 어려운 점은 자기 조절이 안 된다는 것이다. 뇌에서 그 지시를 잘 못 내려 제대로 작동하기가 어려운 경우에는 자신의 행동 조절의 어려움을 파악한 후에 적절한 행동을 배우고 실천하는 훈련을 통해 조절 능력을 키우도록 하자. 이를 엄마가 'stop', 'set', 'think', 'go'의 과정으로 훈련을 시키면 좋다. "잠깐!" 하고 멈춘 다음(stop), 머릿속에 떠오르는 복잡한 장면들을 재정비하고(set), 어떤 장면을 선택할지 결정을 내리고(think), 그다음엔 실행, 즉 "땡!(go)" 하고 선택한 대로 실천하면 된다.

예를 들어 학교에서 조별 과제를 수행 시 기다리지 못하고 모든 걸 혼자서 급하게 다 처리하려고 하는 아이가 있다면, 가정에서 부모와 조절하는 훈련을 해 보자. 학교 상황을 설정하고 수다스럽게 참견하며 행동하는 자녀에게 부모는 "잠깐!" 하고 외친 후 숫자 7까지 센다. 그다음 아이는 복잡한 장면을 정리하고 그 중에 한 가지를 선택해 의견을 말하면 된다. 이런 연습이 잘 되는 아이는 숫자 대신 '내가 뭘 할 거지?', '무슨 말을 할까?' 머릿속으로 생각하고 되뇌면서 7까지 세던 속도에 맞추어 머릿속에서 언어적 표현을 정리하도록 한다.

어린아이의 경우 7까지 기다리기는 어렵기 때문에 아이의 연령 및 발달 수준에 맞게 숫자를 정하도록 하자. 부모와 자녀가 함께 손을 잡고 고개를 끄덕이면서 재미있게 연습하도록 하자. 그다음에는 부모가 자녀에게 "무슨 얘기하고 싶어?" 하고 물어본다. 아이가 모른다고 하면 "이번에는 숫자 셀 동안 무슨 얘기를 할지 생각하고 있어" 하고 다시 숫자를 센다. 아이가 하고 싶은 것을 말하면 "그래, 네가 그걸 하겠다고 친구한테 얘기해" 하는 식으로 생각하고 그다음에 얘기를 하도록 연습시킨다. "잠깐!" 하고 멈춘 다음에 머릿속을 정리하고 생각해서 "땡!" 한 뒤 얘기를 하면 된다. 재미있는 놀이로 연결하면서 아이 스스로 할 수 있을 때까지 연습하도록 하자.

산만한 아이가 학교에 적응하는 데 있어 어려운 것 중 하나는 친구 관계이다. 참지 못하고 자기중심적인 행동을 해서 따돌림을 당할 확률이 크다. 무례하고 규칙과 질서를 잘 지키지 않고, 목소리도 크고 잘 듣지 않으며, 참견도 많이 하여 친구들에게 배척을 당하기도 한다. 아이는 의도적으로 하는 것이 아니라서 처음에는 아이들이 자신을 왜 싫어하는지 잘 모른다. 그러다 자꾸 지적받고 좋지 않은 소리를 들으면서 피해 의식도 커지고 열등감도 생기고 화도 많이 내게 된다. 부모가 이런 행동이 왜 다른 사람에게 방해가 되고 다른 사람들이 싫어하는 행동인지를 자각하게 도와주고, 그럴 땐 어떻게 대처해야 하는지를 함께 찾아보고 알려주는 것이 좋다. 자녀의 바람직하지 못한 행동을 개선하기 위해서 훈련과 연습을 통해 변화하도록 도와주어야 한다.

가정에서 아이와 함께하는 놀이 활동

산만한 아이들은 자신의 신체를 통제하고 주의 집중하는 데 어려움이 있을 뿐 아니라 자신의 어려움을 언어로 표현하는 데 미숙하거나 저항하기 때문에 아이들과 부모의 놀이는 아이들의 행동 조절뿐만 아니라 감정의 표현 및 친밀감을 향상시키는 데 효과적이다. 아동의 스트레스와 갈등, 즐거운 일들을 부모와 함께 나누면서 긍정적인 관계 형성을 도와야 한다.

손수건 이야기

부모가 먼저 커다란 손수건을 높이 던지면 아이는 손수건을 잡기 위해 재빨리 손수건에 집중하고 몸을 놀려 잡아야 한다. 이때 아이는 부모에게 이야기를 들려주어야 하는데, 오늘 있었던 일들 중 가장 기뻤던 일(그 후에는 슬펐던 일, 즐거웠던 일, 짜증났던 일 순으로)을 간략하게 이야기해준다. 물론 손수건이 잡히기 전에 이야기를 완성하고 만일 완성하지 못했다면 손수건을 잡는 3회 동안 완성하면 된다. 이때 부모는 될 수 있는 대로 손수건을 높이 던진다. 부모 차례가 되었을 때 부모 역시 아이의 방법대로 동일하게 행하되, 부모는 2회 동안 완성해야 한다. 승자에게는 맛있는 간식이 주어진다. 손수건이 쉽게 떨어져서 어렵다면 떨어지지 않도록 부채질을 하거나 입으로 불어도 된다. 손수건 대신 풍선을 사용할 수도 있다.

엄마 가라사대

아이들의 사소한 실수를 줄이기 위해 아이가 부모의 말을 끝까지 듣고 그대로 행동하는 놀이이다. "엄마 가라사대, 고개를 오른쪽으로 돌리고 왼쪽 다리를 드세요" 같이 잘 듣지 않으면 제대로 따라 하기 힘든 자세가 좋다. 아이가 경청하지 않는 경우에는 몸 전체를 다양하게 움직여 관심을 끌고 흥미를 유발시킨다.

퍼즐 맞추기

퍼즐은 작은 조각들의 연결로 큰 조각을 맞추는 것이기 때문에 사소한 것은 잘 보아도 전체를 보지 못하는 아이, 역으로 전체는 볼 줄 알아도 사소한 자극은 놓치는 아이들에게 효과적이다. 아이의 발달 수준에 맞게 적은 숫자의 퍼즐 조각부터 맞추기 게임을 시작하는 것이 좋다.

끝말잇기

끝말잇기는 아이의 표현력을 키우는 데 좋은 놀이다. 단어를 떠올리고 상상하기 때문에 연상력도 키울 수 있다. 부모와의 상호 작용을 통해 어휘력이 풍부해지면 자신의 감정을 표현하는 것에도 자연스러워진다.

산만한 아이들은 관계 형성에서 주로 부정적인 피드백을 받기 때문에 피해 의식, 열등감이 있고, 화나는 감정도 나타난다. 어떨 때 화가 나는지, 화가 났을 때는 어떻게 하고 싶었는지 물어보고, 아이들이 화를 적절하게 표현하고 자신의 감정을 자신 및 타인에게도 알려서 자신을 보호하고 방어하는 방법을 배우도록 도와주어야 한다.

깊은 호흡법

심호흡은 충동적인 아이들의 마음을 가라앉히는 데에 비교적 효과적인 방법이다. 속으로 크게 숫자 '1, 2, 3'을 세면서 호흡을 크고 깊게 내쉬는 것인데, 숨을 들이마실 때는 배가 나오고 내쉴 때는 배가 쏘옥 들어가도록 연습하자. 습관적으로 하던 호흡법과는 다르기 때문에 처음에는 헷갈리므로 훈련이 필요하다. 뱃살도 빠지고 감정 조절도 되니 일석이조의 방법이다.

화 풍선

아이들의 화난 표정을 풍선에 그리고, 다른 한쪽에는 화가 나는 행동이나 얼굴 표정, 화를 상징하는 괴물, 화산, 불과 같은 사진을 잡지에서 오려 붙인다. 풍선을 던지고 치고 때리면서 자신의 감정을 말로 표현한다. 감정이 해소되면 여러 가지 방법으로 화 풍선의 공기를 빼 버리거나 터뜨릴 수 있다. 화가 어느 정도 가라앉으면 행복하고 즐거운 감정을 나누는 것도 중요하다. 서로의 감정을 이야기하고 부모와 자녀는 함께 포옹하며 마무리한다.

벽에 점토 던지기

"내가 어떨 때 화가 나요(짜증이 나요, 때리고 싶어져요)"라고 말하면서 집 안 한쪽 벽면에(목욕탕이면 청소하기도 용이해서 편리하다) 점토(플레이도우)를 던진다. 신체 활동을 통해 보다 적극적으로 공격 에너지를 사용하면서 감정을 이완할 수 있다. 아이는 자신의 행동과 감정을 조절하면서 부모에게 자신의 감정이 수용되고 존중받는다는 느낌을 갖게 된다.

초등학교 6학년 남자아이입니다. 아이가 2학년 때 ADHD 판정을 받아 2년 정도 치료를 받았는데 아빠가 인정을 하지 않아 중단했습니다. 그 후 성장하면서 산만한 행동이 많이 없어진 걸로 알고 있었는데, 주의력이 굉장히 없는 것으로 검사 결과가 나왔습니다. 학교 성적은 노력하는 것만큼 결과가 나오지 않고, 집에 있을 때는 손발을 이용해 소리를 내거나 발장난을 통해 자잘하게 산만한 행동을 보입니다. 오히려 학원 같은 데서는 얌전하다고 하는데, 주위 친구들이 장난치거나 하면 분위기에 잘 휩쓸린다고 합니다. 주위 친구들에게 휩쓸리지 말라고 잘 충고해주고 싶은데 방법을 모르겠습니다.

이럴 땐 이렇게

산만한 아이들의 엄마 역할은 코치다. 아이가 스스로 할 때까지 곁에서 도움을 주고 관리를 해야 한다. 훈련을 시키고 그것을 반복 연습시키는 것이 엄마의 역할이다. 아이가 ADHD 판정을 받아 약물 치료를 받았다면, 약물 치료 시에는 학습이 좀 되다가 중단되면 다시 산만해지는 현상이 있었을 것이다. 앞서 말한 산만함의 네 가지 원인들이 연구마다 다 언급되는 이유는 원인들이 이렇게 다양하고 모두 영향을 미치기 때문이다. 그래서 약물 치료, 심리 치료 각각의 단독 치료보다는 병행 치료가 훨씬 효과적이다.

병행 치료를 하면서 부모는 아이를 맡아 직접 코치를 해야 한다. 부모가 관리 기법들을 제대로 배워서 자녀에게 적용해 보고 반복 연습시키는 훈련을 해야 한다. 그러면 아이가 중학생, 고등학생이 되었을 때 자기관리(자기조절)가 된다. 불씨를 가지고 있는 상황에서 바람이 불면 불이 활활 타오르듯이 산만한 환경에 있으면 당연히 산만해지기 마련이다. 부모는 아이들의 이런 특성을 이해해야 한다. 또한 부모는 선생님에게 도움을 요청해야 한다. 학교 선생님에게 아이를 제일 앞, 산만한 행동을 하는 그룹과 멀리 떨어진 자리에 앉혀달라고 부탁을 하는 수밖에 없다. 아이가 숙제를 할 때는 며칠에 한 번씩이 아니라 매일매일 보고 관리해줘야 한다.

호기심과 산만함, 인내력과 집중력

산만한 아이들의 장점은 호기심이 많다는 것이다. 궁금한 것이 많아 항상 질문을 한다. 그리고 창의적이며, 활동적이고 에너지도 많고 적극적이다. 보통 지능은 평균 수준이지만, 창의성을 계발하도록 도와주면 지능도 발달하게 된다. 지능이 높다는 것은 말만 잘하고 수학 문제만 잘 푼다고 해서 똑똑하다고 평가하는 것이 아니다. 지능지수,

흔히 말하는 IQ는 언어적인 능력, 수행하는 동작적인 능력 등 다양한 변인들을 측정하고 평가하기 때문에 아이들의 지능을 높이기 위해서는 다방면으로 자극하고 계발해주는 것이 필요하다. 인지적 능력, 신체적·사회적·정서적 측면 모두가 안정적이고 원활하게 활용이 되어야 자신의 잠재능력을 충분히 발휘하게 되는 것이다. 부모는 자녀의 호기심이 너무 많아 감당하기 어렵고 걱정스럽다고 그 호기심을 잠재우려고 하는 것이 아니라 어떤 방법으로 충족시켜줘야 하는지 고민해야 한다. 자녀들과 들로 산으로, 강과 바다로, 자연으로 나가 뛰놀며 관찰하도록 해주는 것이 호기심을 채우고 나아가 건강한 발달에 가장 좋은 방법이다.

인내력과 집중력은 같은 맥락에 속한다고 할 수 있다. 한곳에 쏟는 힘, 에너지라는 면에서는 동일하다고 볼 수 있는데, 인내력은 어려운 것을 참고 견뎌야 하지만, 집중력은 어려운 것도 견뎌야 하고, 좋고 흥미 있는 것도 견뎌야 하는 것이다. 집중을 하려면 오랫동안 앉아 있어야 하니까 인내력도 필요하다.

주의력 부족을 개선하는 방법은 워낙 다양한 요인이 있기에 쉽게 해결되기는 어렵다. 그래서 보다 잘 관찰하고 계획도 잘 세워서 체계적으로 도와주어야 한다. 우선 아이가 어느 부분에서 주의력이 떨어지는지 살펴보자. 행동 조절이 잘 안 되거나 인지 행동 전략을 스스로 짜서 그것을 유지하고 관리하는 것이 도저히 불가능하다면 행동 억제 기능(조절 기능)에 이상이 생겼다고도 볼 수 있다. 우리 아이 맞춤형 계획표를 짜 보도록 하자. 아이들마다 조금씩 차이가 있지만 한 단계 한 단계(step by step) 가장 쉬운 것부터 접근해 가는 방법이 있을 수 있다. 예를 들면, 10~20분도 못 앉아 있는 아이라면 5분부터 시작해서 5분 집중하고 1~2분 쉬고, 다시 5분 집중하는 식으로 단계별로 접근해 나가야 한다. "우리 아이가 7살인데 이것은 3~4살 어린아이들이 하는 방법이 아닌가요?"라고 질문하는 부모님들도 있겠지만 연령을 고려하기보다는 자녀의 발달 수준을 보고 그 발달에 맞게 단계별로 밟아주는 것이 좋다. 명확한 목표와 우리 아이의 능력에 맞는 계획을 세워주어야 한다.

상처를 극복하는 방향으로 지도하자

아이를 지도하면서 많은 부모들이 걱정하는 것은 자꾸 주의를 주게 되고 싫은 소리를 하게 되니 아이의 자존감에 나쁜 영향을 줄 것 같다는 점이다. 당연히 아이의 자존감에 상처를 주게 된다. 어떤 어려움이 있을 때 그 어려움을 상처 없이 곱게 가져가도록 키우겠다는 것도 엄마 욕심이다. 뛰다 보면 넘어지기도 하고 넘어지면 다쳐서 피가 나기도 하지만, 시간이 지나면 그 상처는 곧 아물고 새 살이 돋는다. 물론 흉터는 남아 있지만, 흉터를 보면서 다음에는 조심해야지 하는 다짐도 하게 된다. 좌절은 아이들에게 포기하게 하는 것이 아니라, 인내와 훈련의 계기가 된다. 그리하여 더욱더 강인해지고 쉽게 포기하지 않게 된다. 부모는 비난과 잔소리가 아니라 "괜찮아"라는 여유와 격려를 제공해야 한다. 아이는 '그래, 나도 할 수 있어'라는 자신감을 얻으며,

미래에 대한 소망을 갖게 된다. 아이가 험한 세상에서 잘 살아가도록 상처를 극복할 수 있는 힘을 키워줘야 한다. 누구나 다 좌절할 수 있다. 그러나 그 좌절이 엄마나 아빠에 의해 너무 깊은 상처가 되지 않아야 한다.

중·고·대학생을 거친 산만한 아이들의 역학조사에서 아이들이 열등감이나 자존감이 낮아지면서 우울해지는 모습을 보였고, 고등학생 아이들의 경우 비행으로 가는 아이들이 꽤 많았다. '난 공부 못하니까', '난 하나도 제대로 하는 게 없으니까' 하며 자신을 위로하고 인정해주는 다른 자극물에서 강화를 받는 것이다. 이것이 비행, 반항, 우울로 갈 수 있기 때문에 상처 받지 않도록 하겠다는 것이 아니라, 상처를 받을 수 있으나 아이가 어떻게 극복하는지 지켜봐주고, 엄마가 그것을 도와주겠다는 마음을 먹어야 한다.

DSM-IV의 ADHD 진단 기준

주의 집중이 잘 안 되는 아이들은 자주 실수하거나 문제를 끝까지 읽지 않는다. 타인의 말을 경청하거나 잘 보려고 하지도 않는다. 작은 자극에도 쉽게 주의가 분산이 되어 부모가 이야기하고 있을 때 문 밖에서 개가 짖거나 친구 소리가 나면 부모의 이야기는 단지 웅성거리는 소리로만 들릴 뿐이다.

특히 학교에서 시험을 볼 때 아는 문제를 자주 틀리는 아이들이 있는데, 왜 틀렸냐고 물으면 문제를 끝까지 읽지 않아서 그렇다고 대답한다. 이런 경우가 부주의에 해당되는 것인데, 주의 집중력이 부족한 것이다.

다음의 ADHD 진단 기준을 살펴보면 어떤 특성인지 이해하는 데 도움이 될 것이다. DSM-IV(정신장애의 진단 및 통계편람, 1994, 하나의학사)에 기술되어 있는 ADHD의 진단 기준은 주의력 결핍, 과잉행동-충동성 항목에서 각각 6개 이상을 지난 6개월 동안 지속적으로 보여야 하며, 이런 행동과 증상이 7세 이전에 발생되어야 한다는 것이다. 이러한 증상은 가정과 학교에서 드러나며 특히 집단 상황(예를 들어 놀이 상황, 교실 또는 작업 환경)에서 보다 쉽게 나타난다. 일반적으로 이 장애는 학교 적응이 이루어지는 초등학교 기간 동안에 처음으로 진단된다.

A. 주의력 결핍과 과잉행동-충동성 진단 항목
(1) 부주의에 관한 다음 증상 가운데 6가지(또는 그 이상) 증상이 6개월 동안 부적응적이고 발달 수준에 맞지 않는 정도로 지속된다.

[주의력 결핍]
① 흔히 세부적인 면에 대해 면밀한 주의를 기울이지 못하거나 학업, 작업, 또는 다른 활동에서 부주의한 실수를 저지른다.
② 흔히 일을 하거나 놀이를 할 때 지속적으로 주의 집중할 수 없다.
③ 흔히 다른 사람이 직접 말을 할 때 경청하지 않는 것으로 보인다.
④ 흔히 지시를 완수하지 못하고 학업, 잡일, 작업장에서의 업무를 수행하지 못한다(반항적 행동이나 지시를 이해하지 못해서가 아님).
⑤ 흔히 과업과 활동을 체계화하지 못한다.
⑥ 흔히 지속적인 정신적 노력을 요구하는 과업(학업 또는 숙제 같은)에 참여하기를 피하고, 싫어하고 저항한다.
⑦ 흔히 활동하거나 숙제하는 데 필요한 물건들(예를 들어 장난감, 학습 과제, 연필, 책 또는 도구)을 잃어버린다.
⑧ 흔히 외부의 자극에 의해 쉽게 산만해진다.
⑨ 흔히 일상적인 활동을 잊어버린다.

(2) 과잉행동-충동성에 관한 다음 증상 가운데 6가지(또는 그 이상) 증상이 6개월 동안 부적응적이고 발달 수준에 맞지 않는 정도로 지속된다.

[과잉행동]
① 흔히 손발을 가만히 두지 못하거나 의자에 앉아서도 몸을 옴지락거린다.
② 흔히 앉아 있도록 하는 교실이나 다른 상황에서 자리를 피한다.
③ 흔히 부적절한 상황에서 지나치게 뛰어다니거나 기어오른다(청소년 또는 성인에게는 주관적인 좌불안석으로 제한될 수 있다).
④ 흔히 조용히 여가 활동에 참여하거나 놀지 못한다.
⑤ 흔히 지나치게 수다스럽게 말을 한다.

[충동성]
① 흔히 질문이 채 끝나기 전에 성급하게 대답한다.
② 흔히 차례를 기다리지 못한다.
③ 흔히 다른 사람의 활동을 방해하고 간섭한다(예를 들어 대화나 게임에 참견한다).

B. 장애를 일으키는 과잉행동 – 충동 또는 부주의 증상이 7세 이전에 있었다.

C. 증상으로 인한 장애가 학교나 가정에서 2가지 또는 그 이상의 장면에서 존재한다.

D. 사회적·학업적·직업적 기능에 임상적으로 심각한 장애가 초래된다.

E. 증상이 광범위성 발달 장애, 정신분열증, 또는 기타 정신증적 장애

의 경과 중에서 발생하지 않으며, 다른 정신 장애에 의해 잘 설명되지 않는다.

부모와 교사가 우리 아이 산만도를 체크하는 단축형 Conners 평정 척도

3~17세 연령 범위의 아동·청소년들이 보이는 행동 문제를 부모와 교사가 평가하도록 하는 척도이며, '과잉행동-충동성' 요인으로 구성된 문항으로 16점 이상일 경우 의미 있게 본다.

관찰된 행동	정도			
	전혀 없음	약간	상당히	아주 심함
1. 차분하지 못하고 너무 활동적이다	0	1	2	3
2. 쉽게 흥분하고 충동적이다.	0	1	2	3
3. 다른 아이를 방해한다.	0	1	2	3
4. 한번 시작한 일을 끝내지 못한다. (주의 집중 시간이 짧다.)	0	1	2	3
5. 늘 안절부절못한다. (몸을 가만히 두지 못하고 움직인다.)	0	1	2	3
6. 주의력이 없고 한 가지 일에 집중하지 못한다.	0	1	2	3
7. 요구하는 것이 있으면 금방 들어주어야 한다.	0	1	2	3
8. 자주 쉽게 울어버린다.	0	1	2	3
9. 기분이 수시로 갑자기 변한다.	0	1	2	3
10. 화를 터트리거나 감정이 격해지기 쉽고 행동을 예측하기 어렵다.	0	1	2	3

05 EBS 라디오 멘토 부모

나이에 맞는 아이의 지도법은 따로 있다

초등학교 1학년 남자아이인데, 여자 친구들이 괴롭히고 때린다고 합니다. 같이 싸우라고 할 수도 없고 선생님께 이르라고 하는 것도 한계가 있고, 어떻게 해야 하나요?

이럴 땐 이렇게

예전에는 관심이 있는 아이에게 괴롭히듯 장난치고 툭툭 치는 행동을 보였지만, 요즘은 정말 미워서 때리는 아이들이 많아졌다. 친구 관계에서, 특히 여자아이에게 대하는 행동이 어떠한지 아이 반응을 관찰해 보자. 요즘은 남자아이든 여자아이든 모두가 같은 위치고 함께 경쟁하는 상대여서인지, 이른바 매너 있고 양보심 많은 남자아이가 귀하다. 특히 자기중심적인 아이들이나 충동적인 아이들은 본인도 모르게 툭툭 치고 지나가거나 거칠게 행동하는 경우가 많아 아주 예민하게 받아들이는 여자아이들은 과하게 보복할 수도 있으므로 이런 행동 특징이 있는지 살펴보는 것이 우선이다. 또한 여동생이나 엄마에게 대하는 태도를 살펴보는 것도 필요하다.

자기주장이 강한 아이라면 괴롭히는 여자 친구에게 직접 하지 말라고 얘기하겠지만, 약간 소극적이고 내성적인 아이들의 경우에는 '싫다, 하지 말라'라고 확실하게 의사 표시를 하도록 지도해야 한다. 아이들이 상대에게 피해를 줄 만한 행동을 하지 않도록 지도하여야 하며, 친구에게 실수를 한 경우라면 "미안해"라는 사과의 말도 잊지 말아야 한다. 어린 여자아이들은 착하고 친절하고 부드러운 남자아이들을 좋아하기 때문에 친절하게 대하는 법을 가르쳐주는 것이 좋다.

저학년 때는 도덕적인 견고한 사고들, 예기치 못한 수많은 사건들에 대한, 호기심 때문에 학교에서 일어나는 크고 작은 일들, 하물며 고자질까지 사소한 일들에 참견하고 선생님에게 알리고 해결하려고 한다. 저학년이 고학년보다 수업에 집중하기 어려운 이유 중에 하나다. 호기심 충만한 아이들은 시간이 지나면서 수업에 방해되는 행동들이 강화 받기 어렵다는 것을 알고, 또 서서히 호기심이 채워지면서 수업에 집중하게 된다. 저학년의 과제는 학교, 선생님, 친구를 알고 익히면서 서서히 학교생활에 필요한 규칙과 질서를 준수하는 일이다. 친구와 사이좋게 지내는 방법도 물론 배워야 한다. 이런 규칙이 귀찮은 것이 아니라 나를 안전하게 지켜주고 행복감을 주며 즐겁게 한다는 것을 익혀야 한다.

새 학년이 된 후 한두 달 정도 지나면 부모는 아이의 학교생활 적응도를 살펴봐야 한다. 여러분이 담임선생님을 만난다면 어떤 질문을 할 것인가? "우리 아이 잘 지내요?"라는 것보다는 "우리 아이를 어떻게 지도해야 할까요?"라고 질문해 석연치 않은 답을 구하기보다는 가정에서의 지도 방법을 구체적으로 묻고, 선생님의 협조를 적극적으로 구하도록 하자. 아이에게 부족한 부분이 있다면 그 부분을 중점적으로 고민해야 할 것이고, 선생님과 부모가 함께 아이를 도와주어야 한다. 선생님의 대답을 통해 아이가 학교에서 어떻게 적응하는가를 알고, 그것을 토대로 아이를 지도하고 아이와 함께 대처 방법을 찾아야 한다.

부모에게서 확실히 독립하는 성장기

초등학생, 즉 성장기는 부모에게 의존하던 시기에서 확실하게 독립하는 시기이다. 부지런하고 규칙적인 생활을 하며 근면성이 발달하는 시기이다. 이 시기의 당면 과제는 세상의 지식들을 탐구하고 호기심을 채우면서 보다 더 정확하고 깊은 학문을 연구하기 위한 기초를 닦는 것이다. 학문을 닦기 위한 지식은 책에만 나와 있는 것은 아니다. 실제로 자연을 접하여 얻은 경험과 관계에서 터득한 경험이 지식이 되어 더 넓은 세상으로 나아가는 초석을 다지게 해준다. 그러니 초등학교 때부터 집, 학교, 학원으로 다람쥐 쳇바퀴 돌듯 틀에 박힌 생활을 하는 것은 아이의 적극적인 지식에 대한 호기심을 사장시키는 결과를 초래한다. 초등학교에 입학하면 부모가 가장 신경 써야 할 부분은 역시 학교 규범의 준수와 또래 관계이다. 3~4학년 정도가 되면 학습에 집중하도록 환경을 조성해주어야 하고, 5~6학년이 되면 학습뿐만 아니라 이성친구와의 교제에도 초점을 맞추어야 한다.

사춘기가 빨라지다 보니 예전에는 순응하고 순종하는 아이였는데 어떤 규칙이나 요구를 하면 "왜 해야 돼?"라고 이유를 묻는 아이들의 연령대가 점점 어려지게 되었다. "학원은 왜 가야 돼?", "하기 싫은데 내가 왜 영어 공부를 해야 돼?", "학교 다니기 싫은데 좀 쉬면 안 돼?", "자퇴하고 내가 스스로 공부해 볼게" 이렇게 자기주장이 강해지고 의사도 분명해진다. 순응적이던 아이가 갑자기 변화된 모습을 보이니 부모들이 적응을 잘 못하는 경우가 많다. 그렇게 되면 "넌 아직 어려", "조그만 게 무슨 독립을 해!"라며 무조건적으로 억압하려고만 하게 되는데, 강압적일수록 아이들은 "난 이제 어린아이가 아니야, 난 학생이라고. 나도 혼자 할 수 있어!" 하며 자꾸 튕겨져 나가려고 한다. 고학년(5~6학년) 아이들은 곧 중학생이 되기 때문에 특히 자기 고집이나 반항이 두드러지게 나타난다. 사춘기의 독특하고 특이한 특성들은 부모가 아이를 감당하기 어렵게 만든다.

초등학교 1~2학년(저학년)

초등학생 시기는 인생에서 인성과 지식을 갈고닦는 가장 기초적인 때라고 할 수 있다. 학교에 들어가면 보통 공부를 한다고 생각하지만, 초등학교 시절은 사실 공부보다는 인성을 배우는 시기이다. 작은 사회에 적응하는 방법을 배우는 것인데, 그중 가장 중요한 것은 사회 규칙과 규범을 지키는 것이다. 그것은 사회적인 약속이기 때문에 힘들어도 지켜야 하는 것이다. 예를 들어 유치원에서는 자유 활동이나 자유시간이라는 것이 있었지만 유치원 때와는 달리 초등학교에서는 학업을 완수하려고 하면 의자에 40분 동안 앉아 있어야 하고, 선생님 말씀을 잘 경청하고, 모르는 것이 있으면 질문도 해야 한다. 또 조별 활동이 있으면 친구들과 협동도 하고, 양보도 하고, 배려도 하고, 참기도 해야 한다. 이런 모든 것들이 인성의 가장 기초적인 단계이다. 이런 것들을 먼저 배우는 것이 가장 중요하다.

초등학교 2학년 여자아이인데, 유난히 내외를 많이 해서 이모 앞에서도 옷 갈아입기를 주저합니다. 아직 어린 나이인데 사춘기 여학생처럼 유난을 떠는 것 같아요. 왜 그럴까요?

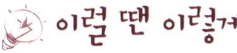
이럴 땐 이렇게

이모 앞에서만 보이는 행동인지 부모, 형제 등 다른 사람에게도 보이는 행동인지 주변 상황에서 아이가 나타내는 행동을 살펴볼 필요가 있다. 사춘기가 빨리 오는 아이들이 있다. 요즘은 초등학교 3학년만 되어도 생리적인 현상에서 변화가 일어나는 아이들도 있기 때문에 한 가지 특이한 점만 갖고 판단하지 않아야 한다.

사춘기의 특징 중 하나가 2차 성징으로 신체적인 변화가 일어나는 것이니, 초등학교 2학년이라 어리기는 하지만 신체적으로 다른 어떤 변화가 있었나 보는 것도 좋겠다. 그리고 본래 여자아이들은 아무 사람 앞에서나 옷을 갈아입거나 벗는 행동을 하지 않기 때문에 어떻게 보면 바른 행동을 하고 있다고 생각할 수도 있다.

1~2학년 시기에 엄마가 알아야 할 지도법

아이가 "엄마, 나 배 아파. 학교 가기 싫어", "누가 나 때려", "선생님이 너무 무서워"라고 하면 "그래, 학교 가지 마"가 아니라 "진짜 속상하겠구나. 엄마가 어떻게 도와주면 학교에 갈 수 있을까?" 묻고, 아이가 "무서워서 혼자 못 가겠어"라고 하면 "엄마가 데려다줄게" 하고 학교 문 앞까지 데려다주는 것이 엄마의 역할이다. 초등학교 저학년 때는 이런 학교 적응(규칙과 규범)이 가장 중요하다고 보면 된다. 반면에, 중학년(3~4학년)이 되면 학습에 신경을 써야 한다. "오늘 어땠어?"가 아니라 "오늘 ~한 점이 힘들었지?" 하면서 아이가 힘들어하는 점에 대해서 대화하고 잘 들어주는 역할을 하는 것이 중요하다.

1~2학년 시기의 아이들이 자주 하는 말이 "○○가 그랬어요", "엄마, 쟤가 나 놀렸어요", "선생님, 쟤 좀 봐요. 막 움직여요. 쟤 떠들어요" 하면서 고자질을 제일 많이 한다. 고자질뿐만 아니라 선생님 말씀이 끝나기도 전에 여기저기서 소리 지르고, 손들고, 얘기하는 등 산만한 행동을 가장 많이 보이는 때다. 산만한 행동과 더불어 이 시기에

나타나는 행동 특성에는 수업 시간에 집중을 못하고, 참을 힘이 부족하기 때문에 궁금하거나 '아니다' 싶은 것은 바로 불쑥불쑥 이야기가 나오기 때문에 수업을 방해하는 행동이 많이 나타나며, 옆의 아이가 조금이라도 건드리면 자신에게 무언가 메시지를 전한 것 같아서 참견하고 같이 떠들어 선생님께 지적을 받기도 하고 그래서 옆의 아이가 고자질하기도 한다. 또 함께 잘 울기도 하고 깜빡하는 행동을 보이기도 한다. 이런 행동들이 모두 적응하면서 나타나는 행동이라고 보면 된다.

초등학교 3학년 여자아이인데, 절친한 동성 친구와 수업시간에 손을 잡고 있고, 매일 통화도 합니다. 이런 심리는 어떤 것인가요?

이럴 땐 이렇게

이 시기는 단짝 친구라는 개념이 생기는 나이이다. 친구가 가장 중요한 나이인데, 3~4학년 이상이 되면 학교 가기 싫어도 친구 때문에 가는 아이들이 꽤 많아진다. 어떤 친구를 사귀느냐가 중요하기 때문에 좋은 친구를 사귀게 환경을 조성해주는 것도 엄마의 역할이다.

수업 시간에 손을 잡는 것은 수업에 방해만 안 된다면 크게 걱정을 하지 않아도 되지만, 혹시 친구 이상의 다른 감정을 갖고 있다고 하면 아이와 이야기를 나눠 보는 것이 좋다. 그 친구에 대해서 어떻게 생각하는지, 무엇이 그렇게 좋은지, 엄마도 같이 수긍하며 들어주되, 수업 시간엔 너무 좋아도 절제할 수 있어야 한다는 것을 알려준다.

초등학교 3~4학년(중학년)

초등학교 3~4학년 아이들은 체격적인 변화가 일어나기 시작하는데, 남녀 차이가 조금씩 나타나게 된다. 남자아이들은 키가 커지면서 비만이 될 확률이 높아지게 되고, 힘이 세어진다. 이에 따라 힘이 센 것에 대한 관심이 많아지고, 힘이 약한 아이들을 놀리기 시작한다. 또 튀는 행동들이 많아지는 아이들이 있다. 선생님 설명에 끼어든다거나 질문을 많이 한다거나 조별 활동을 할 때 본인이 다 주도하며 고집불통의 행동을 한다거나 하는 모습이 보인다. 그리고 거짓말도 하게 되고, 용돈도 받게 되기 때문에 돈에 대한 욕심도 생기며 게임 중독이 생길 조짐도 보인다. 반항기가 시작되고, 부모보다 또래를 더 중요하게 여기는 특징들이 나타난다. 이 시기는 부모들이 학습에 가장 신경을 많이 쓰는 나이기도 하다.

초등학교 4학년 여자아이입니다. 아이가 항상 반대로 하려고 하고, 다른 아이들보다 튀려고 합니다. 왜 그럴까요?

이럴 땐 이렇게

·튀려고 하는 행동은 다른 사람에게 인정받고 관심 받으려는 행동이다. 부모가 평소에 인정을 많이 해줘야 한다.

튀는 행동보다 반대로 하는 반항 행동에 초점을 맞춰야 한다. 반항은 말을 안 듣는다는 것인데, 부모가 자신의 이야기를 들어주지 않으면 아이들도 부모 말을 안 들으려고 한다. 부모가 너무 고집을 많이 피우고 부모가 원하는 방향대로만 끌어가려고 하면 아이들은 매일 듣고 보던 곳이 아니라 새로운 곳으로 가보고 싶어 한다. 때로는 아이가 원하는 행동도 받아주고 이해해줘서 함께 그 방향을 바라보고 걸어가 보자.

3~4학년 시기에 엄마가 알아야 할 지도법

이맘때는 자의식이 성장하는 시기이기 때문에 경쟁심이 강해지고 자기 존재에 대해서 인정받고 싶은 마음도 어릴 때보다 더 커진다. 만일 인정받지 못하게 되면 반항도 심해지고, 고집이 세어지고, '나도 할 수 있다'라는 생각을 많이 한다. 그렇기 때문에 내가 인정받기 위해 다른 아이들보다 튀는 행동을 더 많이 하고, 경쟁 의식을 많이 느낀다. 이럴 때 "너는 왜 그렇게 칠칠치 못하고 산만하니"라고 하지 말고, 아이가 가지고 있는 장점을 '침착이', '씩씩이', '똘똘이' 등 별명으로 만들어 불러주면 자의식이 강해지면서 자기밖에 모르는 것이 아니라 '내가 이런 장점을 가지고 있으니까 내가 다른 사람과 나눌 수 있다'라고 여겨 남을 배려할 수 있는 마음이 생기게 된다. 이런 마음이 생기도록 부모가 도와주는 것이 좋다.

때로는 아이의 장점 그대로가 아니라 아이가 그렇게 되었으면 좋겠다고 하는 것을 별명으로 만들어 불러주기도 한다. 침착하지 않은 아이가 침착해지길 바라면서 "침착아!"라고 부르기도 하는데, 이것도 좋은 방법 중 하나다.

초등학교 5학년의 평범한 아이입니다. 얼마 전 친구들끼리 모여서 담배를 피웠다고 합니다. 어떻게 지도해야 할까요?

이럴 땐 이렇게

아이들이 담배를 피우는 이유는 호기심과 '나도 어른이다' 라는 우월감을 느끼고 싶기 때문이다. 다른 친구들이 못 해 본 것을 해 봤다는 우쭐함, 다른 사람의 선망이 되고 싶은 우월감 때문인 것이다. 비행 행동을 하지 못하게 하려면 다른 행동에 대한 우월감을 심어주는 것이 좋다. 다른 곳에서 인정을 해줘야 하는데, 인정을 못 받은 아이들이 부정적인 관심이라도 끌어서 '내가 잘났다', '나도 사람이다' 라는 것을 보여주려고 비행 행동을 하는 것이다. 처음에는 호기심으로 시작되는 것이기 때문에 다른 행동에서 행동 장애의 모습을 보이는 것이 아니라면 크게 걱정할 필요가 없다. "해 봤더니 어떠니?" 하고 대화를 나누어 보고 수용해주면 아이들은 "별로 안 좋아"라고 답변할 것이다. 너무 심각하게 받아들이는 것보다 편안하게 다가가 대화로 해결하도록 하자.

초등학교 5~6학년(고학년)

일단 신체적으로 엄청난 변화가 온다. 즉, 2차 성징이 나타나기 시작하는데 아이들 자신도 혼란스럽기 때문에 아이들의 예민함을 유난을 떤다고 치부하지 말자. 오히려 민감해진 아이들을 잘 다독거리고 배려해주자. 또 다른 걱정은 진로인데, 이때 부모는 자녀의 개인적인 특성을 파악하는 것이 좋다. 진로, 적성, 성격, 심리, 지능검사 등을 통해서 아이의 강점과 약점을 파악하고 적성과 취미, 내성적인가 외향적이고 적극적인가를 살펴보아 자녀를 어떻게 지도해야 하는지에 대한 맥락을 잡도록 하자. 이는 자녀 스스로도 자신의 특성을 파악하는 데 좋은 기회가 될 수 있다. 이 시기는 '내가 뭔가를 할 수 있다'라는 자신감과 자존감이 많이 생기거나 엄청나게 위축되는 시기이기 때문에 부모는 세심하게 지도해야 한다.

아이들의 또 다른 당면 과제는 이성친구와의 교제이다. 성교육을 다시 한 번 받아야 하는 시기가 되었다는 것이다. 물론 학령 전기에는 생물학적인 교육을 했겠지만 이때는 남녀 관계에 대한 질문을 하면서 이야기를 나누는 것이 좋다. 자신의 몸가짐, 스킨십의 정도, 본인과 상대방에 대한 예의를 갖춘 태도 등을 주제로 동성 부모, 이성 부모와 대화를 나누어야 한다. 그러면 이성교제를 할 때 본인을 존중하고 성격도 잘 맞는 좋은 친구를 사귈 수 있다.

초등학교 5학년 여자아이인데, 남자아이들과 말도 하기 싫어할 정도로 부끄러움이 심한데 어떻게 해야 하나요?

이럴 땐 이렇게

5학년이면 당연히 그럴 나이이다. 겉으로는 "싫어"하면서도 내심 관심이 많은 때다. 좋아하는 남자 연예인이 있는 것을 보면 알 수 있다. 남자를 싫어하는 게 아니라 공격적이거나 폭력적인 아이들을 싫어하는 것이다. 예의 바르고 친절한 남자아이를 싫어하는 여자아이들은 거의 없으니까 말이다. 성적인 관심이 많아지는 나이이지만 그런 관심을 아직 부모에게 표현하기에는 쑥스럽고 괜히 아이들에게 놀림을 받을까 봐 걱정하는 것이다. 밖으로 보이는 행동과 마음속은 다르다는 것을 알아 두자. 그런데 지나칠 정도로 아이가 남자를 거부한다면 아이가 태어나서 처음 만나는 남자인 아버지에 대한 태도를 살펴보는 것도 필요하다.

5~6학년 시기에 엄마가 알아야 할 지도법

이 시기를 현명하게 넘기기 위한 제일 좋은 방법은 대화이다. 아이가 성장할수록 대화의 양도 줄고 대화의 질도 떨어져서 나중에는 아예 대화가 단절되는 경우가 많다. 바쁜 세상은 부모와 자녀의 대화할 시간과 기회를 주지 않는다. 그렇기에 부모는 자녀에게 한 마디라도 '더 해야지, 알려주어야지'가 아니라 한 마디라도 놓치지 않고 들으려고 해야 한다. 아이가 날 부른다 싶으면 냉큼 가서 경청할 수 있는 '대기형 부모'가 되어야 한다. 바로 달려가 "무슨 말을 하고 싶은데?" 하고 묻고, "너 요즘 외모에 대해서 신경 참 많이 쓰는 것 같은데, 혹시 예쁜 여자 친구 있니?"라면서 개방적으로 다가가면 아이들이 조금씩 부모와 대화하려 할 것이다.

그리고 진로에 대한 걱정을 하면 "내가 보니까 너는 이쪽에 취미가 있더라, 재주가 있는 것 같던데!", "넌 스포츠를 참 잘하더라", "넌 사회성이 좋은 것 같아. 모르는 사람들과도 사귈 줄 안단 말이야" 하면서 "이런 분야는 어떻게 생각하니?" 질문, 격려, 적절한 충고와 정보 제공을 하면서 대화를 나누는 것이 좋다.

남자아이들의 경우에는 어떻게 지도해야 할까? 남자아이들의 경우에 친구간에 서열도 생기고 반항심도 커 진데다가 게임 중독으로 빠지는 아이들도 있어 불안해하는 부모들이 많다.

우선 인간 관계가 수직적 관계만 있는 것이 아니라 수평적 관계가 훨씬 더 많다는 것을 아이에게 알려주어야 한다. 서열이라고 하는 것은 수직적 관계인데, 친구는 절대 서열을 따질 수 없는 수평적인 관계이다. 그 아이가 공부를 잘하든, 그 아이네 집이 가난하든 부자이든 간에 그런 것들과 전혀 상관없이 어떤 아이든지 나와 마음만 맞으면 누구나 다 친구가 될 수 있다는 것을 부모가 확실히 알려주어야 한다. "쟤네 집은 좀 그렇더라. 너하곤 좀 안 어울리지 않니? 쟤랑 사귀지 마라"라고 말해서는 안 된다. 결국 인간은 계층간에 차이가 있고 차이가 있는 사람끼리는 어울리지 말라는 얘기나 다름없다. 이런 말로 아이들간에 서열을 짓고 차별을 하게 되는 것은 경쟁과 무시만 난무하게 만들 것이다. 친구 관계는 절대 평등한 관계라는 것을 알려주어야 한다.

　남자들의 반항심은 나이가 들면서 점차 커지게 된다. 여자아이들은 부모의 감정과 생각을 얘기하면서 부드럽게 타이르면 어느 정도 알아듣지만, 남자아이들은 한번 반항하면 제자리로 되돌리기가 여간 어려운 일이 아니다. 부모가 잔소리하는 것이 듣기 싫을 때라서 말대꾸를 하게 되는데, 부모 입장에서는 '그렇게 착하던 애가 말대꾸를 하다니, 애가 변했어' 하고 생각하기 마련이다. 그러나 이런 부정적인 생각보다는 '사춘기 아이들은 이성적으로 대하기가 정말 어렵구나. 조금만 참자. 그리고 내가 변하도록 노력하자'라고 다짐하자. 그리고 나서 열심히 들어주도록 하자.

　아이들이 반항을 하면서 공격성을 보이거나 감정 폭발을 많이 한다. 특히 고학년들은 갑자기 폭발한다. '쟤가 얼마나 누르고 있었으면 저렇게 갑자기 폭발할까'로 이해하고, 오히려 폭발하는 행동을 보고 '그래, 풀어라. 내가 나가 있으마' 하고 자리를 비켜주는 것이 좋다. 그리고 아이가 풀고 나면 조용히 들어가서 이야기를 들어주어야 한다.

초등학생을 둔 부모, 이것만은 알아두자

저학년의 경우에는 학교 적응이 가장 중요하므로 부모가 잘 챙겨주고 지도하면서 혼자서 학습하고 생활할 수 있는 기반을 만들어주어야 한다. 그리고 무엇보다도 저학년 때는 학습에 지나치게 치우치지 않고,

실컷 놀 수 있는 환경을 마련해주는 것이 중요하다.

고학년이 되면 될수록 자립심을 키워주어야 하므로 아이가 시행착오를 겪더라도 참견과 잔소리를 하지 말고 격려해야 한다. 내 자녀에 대한 적성, 성격, 심리, 인지적 능력을 알고, 그에 맞는 지도와 교육을 해야 한다. 머리만 큰 아이가 아니라 가슴이 큰 아이로 키워야 한다는 것도 명심하자.

부모는 자녀에게 학교라는 곳은 혼나는 곳, 무서운 곳이 아니라, 신기한 곳이라는 것을 알려주자. 제각기 생김새도 다르고 성격도 다른 사람들이 모여 자신만의 보석들을 보여주고 그 보석을 갈고닦아 디자인해 더 멋지게 만드는 곳이라는 걸 말이다. 자신이 갖고 있는 숨겨진 보석을 캐러 가는 곳이라는 것을 말해주자. 보석을 찾는 일은 설레고 즐거운 일이며, 보석을 찾는 데 친구, 선생님, 부모 모두 도와주는 사람이라는 것도 잊지 않고 알려주자.

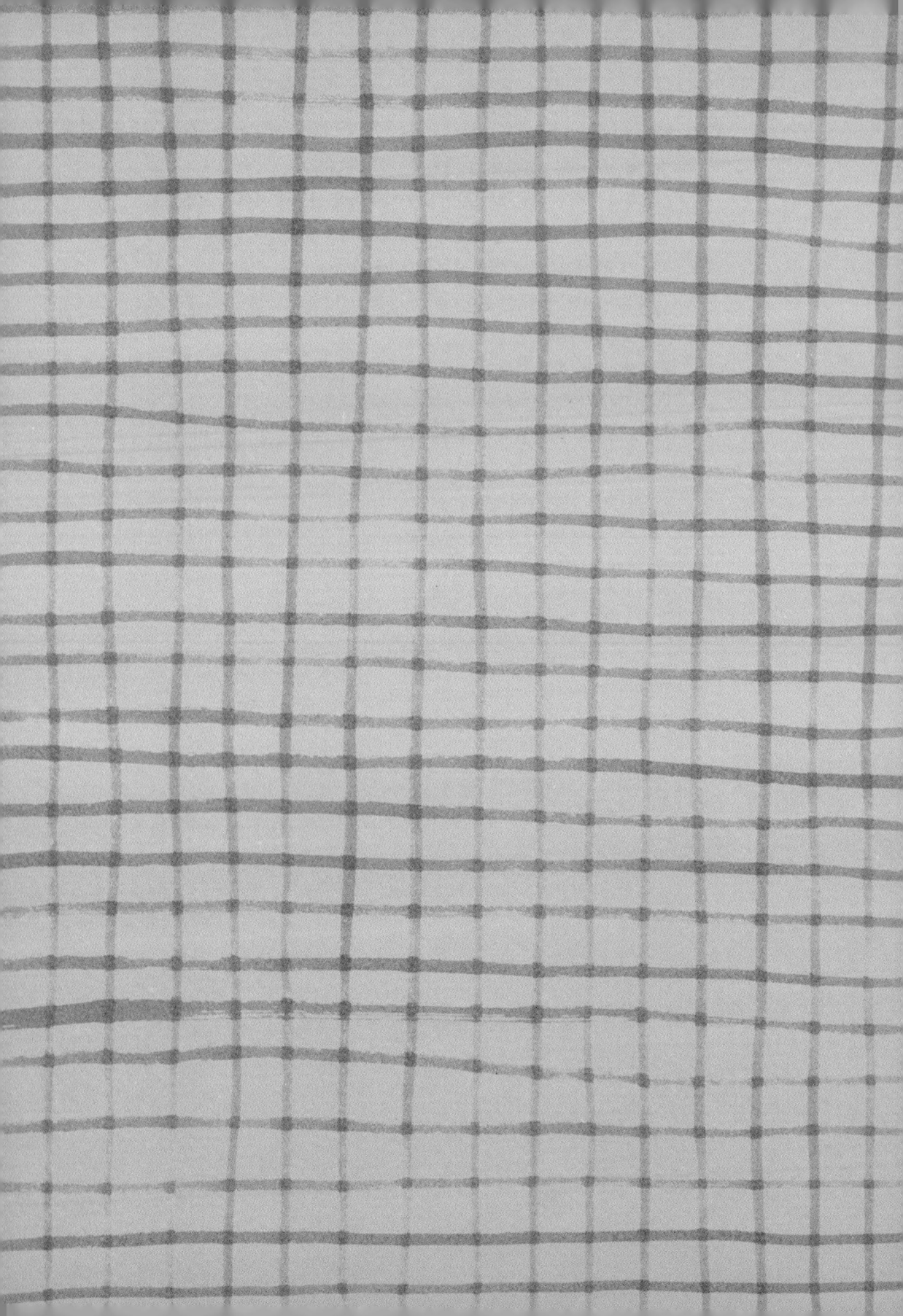

EBS 라디오 멘토 **부모**

3장
내 아이 문제행동의 1차적 원인은 부모에게 있다

01 EBS 라디오 멘토 부모

지금 여기서 바로 문제를 해결해야 육아 스트레스도 없다

아이가 새벽에 자주 깨고 일어나서 울기도 합니다. 그래서 단 하루도 편히 잠을 잘 수가 없습니다. 밤새 아이를 안아주고 도닥이고 업어주다 보면 날이 밝고는 하는데요. 하루 이틀 이런 날이 계속되면서 극심한 육아 스트레스에 시달리고 있습니다. 어떻게 하면 육아 스트레스에서 탈출할 수 있을까요?

이럴 땐 이렇게

정상적인 아이들이 저녁에 잠들어서 아침에 깨는 성인의 수면 패턴을 가지려면 최소한 6~7세는 되어야 한다. 그 전까지는 밤낮도 바뀌고 자다 깨는 일도 잦다. 아이가 자다 깨서 우는 것은 화가 났다는 뜻이 아니라 아이의 수면 패턴이 그런 것이다. 이런 경우 최선의 선택은 '그냥 놔두는 것'이다.

엄마 생각에 그냥 놔두면 아이 성격이 나빠지거나 다른 문제를 불러오진 않을까 걱정스럽겠지만 울다가 지쳐 쓰러지는 아이는 없다. 오히려 아이의 성격을 망치는 것은 울 때마다 달래주다가 엄마 스스로 지쳐 아이에게 화를 내는 경우이다.

Here and Now

육아 스트레스 행동치료의 치료 원칙은 '지금 여기서(Here and Now)'이다. 지금 여기서 문제를 해결하는 것이다. 쭉 참다가 저녁에 폭발하면 그때는 '1+1+1+1+1+……=10'처럼 쌓이고 쌓여 한번에 폭발하게 된다. 엄마는 "너 아침부터 내가 쭉 참았어"라고 말하며 아이를 야단친다. 아이는 마지막에 1을 잘못했는데 10만큼 혼내는 것이 억울해 엄마의 말을 받아들이지 못한다.

물론 엄마도 할 말이 있다. "하나를 잘못할 때마다 혼내기 시작하면 하루 종일 혼내게 된다." 맞는 말이다. 그래서 잘못한 것이 하루에 100개도 넘지만 한두 개 정도를 아이와 정해서 -아이가 크면 두 세 개 정도- 집중적으로 고쳐 나가고 나머지는 의도적으로 넘어가는 것이 바람직하다.

가장 중요한 것은 어머니의 육체가 편안해져야 한다는 것이다. 몸이 피곤하면 아이에게 좋은 말로 타이를 수 없다. 또 아버지를 적극적으로 양육 현장에 끌어들여야 한다. 하루 종일 아이에게 시달렸다면 아버지에게 한 시간 정도 아이를 맡기고 엄마는 자신의 시간을 가져야 한다.

한 가지 명심하자. 모든 부모는 육아 스트레스를 경험한다. 스트레스란 우리가 살아가면서 반드시 겪는 많은 고민 중의 하나일 뿐이다. 우리 인생을 생각해 보자. 고3 수험생 시절엔 대학만 들어가면 인생의 모든 고민이 풀릴 것이라고 생각했지만 대학에 들어가면 취업 걱정에, 취업을 하면 결혼 문제에 부부 문제, 아이를 낳으면 육아 스트레스가 생긴다. 다시 말해, 이것은 피해야 할 문제가 아니라 내가 생각을 바꿔 때로는 즐기기도 하고 때로는 인내하고 수용해야 하는 문제인 것이다.

특히 육아 스트레스는 그 어떤 인생의 과정보다 가장 중요한 부분이며 내가 제일 사랑하는 사람의 문제이다. 그리고 내 마음대로 안 되는 일이기도 하다.

직장맘의 육아 스트레스

아이를 위해서라면 주말마다 여행을 가야 한다고 생각하는 부모가 있다. 하지만 매주 여행을 가는 것이 힘들면 안 해도 된다. 힘든데 억지로 여행하고, 아이와 놀아주는 것은 아이도 즐겁지 않다. 놀이란, 함께 즐겁게 노는 것이다. 어디서 노느냐가 중요한 게 아니라, 얼마만큼 재미있게 노느냐가 중요한 것이다.

직장과 가정, 두 가지를 동시에 해내야 하는 엄마들은 육아 스트레스에 쉽게 노출된다. 가장 중요한 것은 엄마가 직장에 다니기 때문에 아이에게 더 많은 문제가 생기는 것이 아니라는 사실에 확신을 갖는 것이다. 대신 아이가 집에 있거나 아이를 다른 곳에 맡겼다면 반드시 대책이 있어야 한다. 우선 아이가 집에서 빈둥거리는 시간을 줄여야 한다. 그렇다고 이 시간을 공부로만 때우는 학원에서 보내라는 말이 아니다. 어딘가에서 누군가에 의해서 아이가 관리되고 보호되어야 한다는 것이다. 예를 들어 수영장에 1시간 동안 가 있으면 그곳에서 1시간 관리가 되어야 하고, 수영장 코치와 어머니의 커뮤니케이션이 필요하다. 손을 많이 빌리면 된다. 하지만 요즘 세상에서 손 빌리기가 쉽지 않다. 가장 가까운 손은 아버지다. 아버지에게 손을 빌리고, 엄마가 신체적으로 많이 쉬어야 한다. 지역 사회에서 운영하는 여러 프로그램을 이용하거나 학교의 방과 후 프로그램 등을 이용하는 것도 한 방법이 될 수 있다.

엄마도 잘못을 인정해야 한다

어떤 엄마도 엄마가 되는 훈련을 받고 엄마가 되지 않는다. 엄마도 화를 낼 수 있다. 때로는 다른 일로 인한 스트레스를 아이에게 푸는 경우도 있다. 그럴 땐 반드시 아이에게 "엄마가 미안해"라고 말해야 한다. 그래야 아이에게 엄마가 자신의 잘못을 스스로 인정하고, 아이를 존중한다는 뜻을 전달할 수 있다.

또 피곤하면 피곤하다. 너한테 이러이러해서 화났다. 이런 얘기를 솔직하게 말로 해라. 말로 안 하고 "야!" 소리치면 아이는 엄마의 분노만 느끼게 된다. 그럴 땐 "네가 이래서 엄마가 굉장히 기분이 안 좋아"라고 얘기하는 게 좋다. 이때 명심할 것은 이러한 상황이 어머니 스스로의 감정이 폭발하기 전에 이루어져야 한다는 것이다.

02 EBS 라디오 멘토부모

이혼 후에도 부모의 역할은 계속 된다

우리 아이는 5살 남자이구요. 저는 이혼한 지 2년이 되었어요. 아이는 2주마다 한 번씩 1박 2일 동안 아빠와 친할머니 친할아버지를 보고 오는데요. 친가에서 아이에게 안 좋은 이야기를 해요. 예를 들면 "너희 엄마가 잘못했다"라거나 "엄마 때문에 네가 아빠를 매일 못 보는 거다" 이런 식으로요. 그래서 그런지 아이가 한번 다녀올 때마다 상처를 받는 거 같은데 계속 만나게 해도 될까요? 아니면 아이가 어느 정도 성숙할 때까지 안 만나게 하는 것이 좋을까요?

이럴 땐 이렇게

2주마다 아빠를 만나는 건 여러 가지 순기능과 역기능이 있지만 엄마와 아빠를 모두 만나야 아이는 부모가 다 있다는 걸 알게 된다. 원칙적으로는 헤어져 사는 상대 부모를 만나는 것이 좋다.

"우리 가정은 그대로다. 엄마도 있고 아빠도 있고 너도 있고 우리 가정은 그대로인데 가정의 형태가 조금 달라졌다. 우린 같이 살진 않아도 엄마는 영원한 네 엄마고 아빠는 영원한 네 아빠다. 꼭 같이 살 때만 엄마 아빠가 아니고 떨어져 있어도 엄마 아빠란다. 그렇기 때문에 언제든지 네가 힘든 일, 어려운 일 있을 때 엄마 아빠가 다가와서 꼭 너를 도와주겠다"라고 이혼할 때 아이에게 얘기해주어 부모에 대한 믿음을 심어주는 것이 좋다.

한부모가정이란?

'한부모가정'이란 편부, 즉 '부자가정'이나 편모, 즉 '모자가정'을 말한다. 요즘은 과거에 비해 '한부모가정'이 많아졌다. 가장 큰 이유는 이혼율이 높아졌기 때문이다. 그다음으로 기러기 아빠로 인한 경우가 있다. 아빠와 떨어져 지내야 하기 때문에 아이는 엄마와 함께 지내는 '모자가정'이 되니 큰 범주에서 보면 이것 역시 편모가정이다.

또한 심정적인 한부모가정도 많다. 부모님이 모두 있지만 아빠가 아이를 돌보는 일에 소홀하면 마치 아빠가 없는 것 같은 감정을 느끼게 되기 때문이다.

한부모가정에서 나타날 수 있는 육아 문제

1. 편모가정

편모가정의 경우, 어머니가 전업주부로 아이를 돌보는 가정은 드물다. 생계를 위해 일을 해야 하기 때문이다. 어머니가 계시지 않는 동안 아이는 방치될 수 있다. 이것이 가장 큰 문제이다. 아이가 집에 혼자 있으면 엄마는 아이에 대한 정보를 알 수 없다. 학교생활은 어떻게 하는지, 남는 시간들은 어떤 아이들과 어떻게 어울리는지, 아이에 대해 알지 못하기 때문에 문제가 생겨도 알 수 없다.

또 하나 죄책감의 문제가 있다. 다른 집 엄마는 이러는데 나만 아이에게 잘 못 해주는 것 같아 미안하고, 아이가 어떻게 될까 불안하고 초조해진다. 그러다 보니 저녁에 집에 돌아오면 아이와 정서적인 교감을 나눌 새도 없이 곧바로 아이 관리에 들어가게 된다.

"숙제 내놔라. 오늘 한 것 좀 가져와 봐라, 공책 좀 보자."

그 순간 아이에게 엄마는 없어지고 또 한 명의 선생님이 생긴다. 아이는 아이대로 불만이 쌓여 가고 결국 아이와 함께할 수 있는 시간이 없어 생기는 문제들이 광범위하게 나타난다.

2. 편부가정

싱글 대디(편부) 문제는 조금 더 복잡한 양상이 나타난다. 아빠는 직장일과 주부일을 병행하는 이중고를 겪기 때문이다. 그럴 때 아빠는 "나는 이것까지 할 수 있다. 너는 이것을 도와줘라" 하고 역할 분담을 해야 한다. 아빠와 아이가 키우고, 키움을 받는 관계가 아니라

서로 돕는 관계가 되어야 한다.

이혼하고 2주마다 한 번씩 정기적으로 아이를 만나고 있는 엄마입니다. 어떻게 해야 아이들의 인격 형성에 도움을 줄 수 있을까요? 아이들을 볼 때마다 점점 산만하고 난폭하게 변해가는 것 같아요. 너무나 안쓰러운데 제가 무엇을 해줄 수 있을까요?

이럴 땐 이렇게

정기적으로 만나는 부모도 충분히 인격 형성에 도움을 줄 수 있다. 그런데 무엇을 어떻게 해야 할까? 이때 엄마는 아이에게 직접 물어봐라.

"엄마가 어떻게 해주면 좋을 거 같니? 2주 후에 엄마와 1박 2일을 함께 보내야 해. 다음번엔 엄마랑 무엇을 할까? 하고 싶은 거 있으면 네가 좀 적어봐." 이런 식으로 아이와 같이 고민해라. 또한 "엄마는 이렇게 이만큼 해줄 수 있는데 네가 나를 이렇게 이렇게 도와줘라" "엄마는 너에게 잘 해주고 싶은데 뭘 해줘야 할지 잘 모르겠어"와 같이 아이한테 선택권을 먼저 줘라. 그럼 아이도 2주 동안 엄마를 기다리면서 기대하게 된다.

버릇없이 굴 때도 있다. 그때는 함께 살 때와 마찬가지로 적절하게 야단치고 지적한다. 이때 중요한 것은 이혼 전과 똑같아야 한다는 점이다. 자신감을 갖고 혼내는 태도도 중요하다.

한부모가정의 콤플렉스

한부모가정의 아이들이 성적이 떨어지거나 자신감도 없고 친구 관계도 원만하지 않으면 대부분의 부모들은 아빠가 없어서, 엄마가 없어서라고 죄책감을 갖게 된다. 하지만 아이에게 생긴 문제가 한 가지 원인에 의해서 발생하지는 않는다. 한부모가정의 아이이기 때문에 이런 문제가 발생한 것이 아니라는 것이다.

만일 아이가 사회성과 자신감에 문제를 보인다면 아이 스스로 참고 견디어 보기도 하고, 이겨 나가기도 하면서 부딪혀 보는 기회를 갖는 것이 좋다. 그다음에 "네가 어디까지 해 보고 정말 안 되고 어려우면 그땐 엄마가 나서준다"고 말해서 아이가 쉽게 어른에게 의존하지 않고 스스로 해낼 수 있게 기다려주어야 한다.

03 EBS 라디오 멘토 부모

아이가 등교를 거부해도 일단 학교에 보내라

2학년 남자아이인데 학교 가는 걸 두려워해요. 마음이 여려서 그런 게 아닌가 걱정이 됩니다. 어떻게 학교에 대한 두려움을 없애줄 수 있을까요?

이럴 땐 이렇게

아이들이 학교 가는 걸 두려워하는 건 당연하다. 그럴 때 어머니들은 자꾸 조언을 해주려고 한다. "그럴 땐 이렇게 해보는 게 어때? 저렇게 해보지 그래?"라고 하는데, 물론 옳은 말이지만 아이 입장에선 '또 야단맞았다'라고 생각하게 된다.

아이가 학교 가는 게 두렵다고 하면 엄마는 "네가 참 힘들겠구나.

이러이러해서 학교 가는 게 싫구나?"라고만 대화를 끝내도 아이는 마음이 편해진다. 또 "엄마도 다 겪었어. 그걸 겪어야만 강해진단다"라고 이야기해줘도 좋다. 아이의 마음을 공감해주고 이해해주는 것만으로도 아이에겐 큰 힘이 된다.

등교 거부증의 원인

1. 분리불안

최근 통계자료를 보면 초등학생의 5% 정도가 등교 거부증에 시달린다고 한다. 일반적으로 어린아이들의 경우엔 등교 거부의 중요한 원인이 분리불안이다.

분리불안은 대개 초등학교 들어갈 때 등교를 거부하면서 많이 나타나는데 드물게는 3~4학년 때 생기는 경우도 있다. 혹은 1~2학년 때에는 괜찮았다가 3~4학년 때 생기거나 1~2학년 때 생겼다가 없어지고, 다시 생기는 것을 반복하는 등 다양하게 나타난다. 불리불안으로 학교에 안 가겠다고 하는 아이의 경우 '배가 아프다' '머리가 아프다' 라는 핑계를 대다가 울고불고 떼를 쓰기도 한다. 하지만 막상 학교에 가면 아무 문제없이 생활하는 경우가 많다. 내가 언제 학교에 안 가겠다고 했냐는 식이다. 이럴 때 엄마는 배신감을 느끼고 '아이가 일부러 그러는 것'이라고 생각하게 된다. 하지만 다시 밤이 되면 내일 학교 가야 된다는 생각에 벌써부터 징징대기 시작한다. 이게 바로 분리불안의 특징이다.

2. 현실적인 장애

분리불안 때문이 아니라 현실적인 문제 때문에 등교를 거부하는 아이들도 있다. 예를 들어 친구에게 '돈 가져와!'라는 식의 협박을 받았다면 아이는 학교 가는 게 두렵다. 그리고 학교에서 힘센 아이에게 놀림을 당하고 별명을 불린다면 그때도 학교가 싫어진다. 하지만 아이가 그 사실을 엄마에게 이야기하지 못하고 학교 가기 싫다고만 말할 수도 있다. 그럴 때 '이 녀석이 지금 몇 학년인데 아직도 분리불안이 있어!'라는 식으로 가볍게 넘겨선 안 된다. 예전엔 학교 화장실이 무서워서 학교에 가기 싫어하는 아이도 있었다. 심지어 대소변을 참고 그냥 집에 오는 아이도 있었다. 학교 시설 같은 사소한 문제도 아이에겐 심각한 고민이 될 수 있다. 만일 아이가 학교에 가기 싫다고 말한다면 반드시 현실적인 장애가 있는지 찾아봐야 한다.

3. 기질적 문제

집에서 엄마와 지낼 땐 굉장히 활발한 아이인데, 밖에만 나가면 입을 꼭 다무는 아이들이 있다. 어른들이 "넌 이름이 뭐니?" 하고 물어도 대답하지 않는다. 신중한 태도를 보인다고 해서 종종 모범생으로 평가받기도 한다. 하지만 이런 아이는 긴장을 하거나 불안이 높은 경우다. 이런 기질을 가진 아이들은 다른 사람에게 지적 받는 것을 두려워하고 다른 사람의 눈치를 많이 보며 불안해한다. 즉, 타고난 기질로 인한 불안이 분리불안을 부르기도 한다는 뜻이다.

등교 거부증 치료 원칙

1. 학교에 보내라

분리불안 치료의 가장 큰 원칙 하나는 '꼭 학교나 유치원에 보내라'는 것이다. 아이 혼자 보내기 걱정스럽다면 어머니가 함께 갈 수도 있다. 단, 아이와 미리 약속을 해야 한다. 예를 들면 '엄마가 3일은 같이 있겠다. 4일째부터는 엄마가 뒤에 있겠다. 7일 후부터는 밖에 앉아 있겠다' 이런 식으로 조금씩 엄마와 떨어지는 훈련을 해야 한다. 아이가 제대로 약속을 지키면 아주 많이 칭찬해준다.

또한 아이의 호소는 신중하게 들어주되, 학교를 안갈 수도 있다는 여지를 두어서는 안 된다. 아이가 계속해서 현실적인 문제를 고민한다면 "아 그런 문제가 있었니? 아, 그런 문제는 학교 갔다 와서 이렇게 한번 해 보자"라고 말해주어야 한다.

아이가 오늘은 학교 가니깐 내일은 안 가겠다고 말할 때 대충 "응, 알았어"라는 식으로 얼버무리는 경우가 있는데 그리 좋은 방법이 아니다. 일단 약속을 했으면 원칙대로 지켜야 한다.

2. 아이와 논쟁하지 마라

"도대체 학교는 왜 가야 하냐? 왜 공부를 해야 하나. 나는 공부하기 싫다!" 이런 식으로 엄마에게 논쟁을 유발하는 경우도 있다. 하지만 이런 질문과 논제는 아이가 정말 궁금해서라거나 '학교를 왜 가야 하는 건가?'라는 근원적이고 철학적인 질문을 던지는 것이 아니다. 다만, 학교를 가지 않으려는 여러 가지 핑계 중의 하나일 뿐이다.

아침마다 아이가 학교에 가기 싫다고 투정을 부린다면 이때 엄마가 기억해야 할 것은 엄마는 아이의 친구가 아니라는 점이다. 아이가 엄마에게 칭얼거리면 "그래, 알았어. 하지만 학교는 가야해"라고 말해 일단 학교에 보내야 한다. 아이 스스로 아무리 투정을 부려도 '이건 안 되겠구나' 하는 생각이 들어야 한다. 투정부리는 아이를 따뜻하게 감싸주되, 단호하게 대처하는 것이 좋다. 그리고 아이가 학교에서 돌아오면 마치 대단한 일을 해낸 것처럼 칭찬해준다. 그러면 아이는 '내가 학교에 다녀온 게 대단한 일이구나'라고 여기고, '이렇게 칭찬받았으니 내일도 또 가야겠다'고 생각할 수 있다. 나쁜 버릇도 좋은 버릇도 습관이 되기 마련이다.

3. '무시하기'도 방법이다

아침에 학교 갈 때 여기 저기 아프다고 호소하는 아이들이 많다. 하지만 그렇게 아침마다 아픈 배가 오후에 학교 갔다 오면 전혀 아프지 않다. 그 이유는 진짜 아픈 게 아니기 때문이다. 이때 엄마가 자꾸 "여기야? 여기야?" 이렇게 물으면 오히려 증상이 강화된다. 오히려 약간의 무시가 필요하다. 그렇다고 '왜 꾀병 부려?'라는 식도 안 된다.

우리는 몸이 아플 때에는 관대해지면서 정신이 아플 때에는 그렇지 못한 경우가 많다. 아이가 아프다고 하면 조용한 시간에 물어보라. 어떤 문제가 있는지, 학교 가서 누구랑 어떻게 싸웠는지, 엄마가 도와줄 일은 없는지 등을 물어보면 이러한 대화를 계기로 아이는 엄마나 친구와의 관계를 한 단계씩 개선시켜 나갈 수 있다.

갈등은 절대로 소모적인 것이 아니다. 아이는 같은 문제가 생겼을 때 당황하지 않고 이전의 경험을 바탕으로 발전된 모습을 보인다. 그러니까 아이에게 어려움이 있을 때 엄마가 '아, 우리 아이가 크는 구나' 이렇게 대견하게 생각하고 받아들여야 한다.

등교 거부증을 보이는 아이와 교사의 관계

등교 거부증을 보이는 아이들은 선생님에게도 무척 힘든 존재다. 아이가 학교에 즐겁게 오려면 어떻게 해야 하는지 고민하는 선생님들도 많다. 가장 중요한 것은 평소 아이와 선생님이 좋은 관계를 맺는 것이다. 아이가 힘들어할 때 선생님에게 와서 "선생님, 나 이런 점이 힘들어요" 하고 이야기를 할 수 있는 관계가 되어야 한다. 대부분의 선생님이나 엄마들은 아이에게 문제가 생기면 "무슨 일이니? 엄마한테 얘기해 봐"라고 얘기한다. 하지만 아이가 고민을 말하는 훈련이 안 되어 있다면 대화의 시작부터 어려워진다. 그래서 선생님이 평소 아이와 좋은 관계를 맺어, 아이들이 언제든지, 아주 사소한 문제일지라도 선생님에게 다가와 얘기할 수 있어야 한다.

아이가 등교를 거부해 학교에 나오지 않았을 때 선생님이 집에 방문해주면 아이들은 굉장히 감격한다. "널 기다리고 있어. 누구누구가 널 찾더라" 이런 식으로 얘기하고, "내가 교문 앞에서 기다릴 테니깐 엄마가 교문까지 데리고 오시고 교문에서부터 선생님하고 가자"라고 방법을 제시해주어도 좋다. 이런 바톤터치 하는 방법도 많은 도움이 된다.

04 EBS 라디오 멘토부모

평소 말수가 적다고 선택적 함구증이 아니다

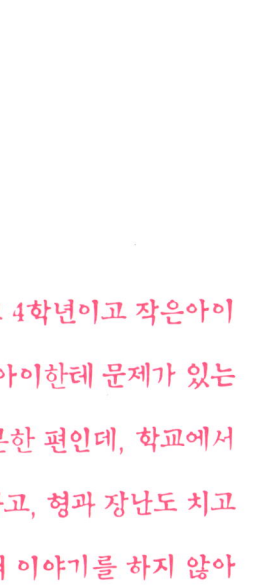

세 아이를 키우고 있어요. 큰아이는 초등학교 4학년이고 작은아이는 초등학교 1학년, 막내는 5살입니다. 작은아이한테 문제가 있는 것 같아 걱정이 됩니다. 둘째는 조용하고 차분한 편인데, 학교에서 전혀 말을 하지 않습니다. 집에서는 말도 잘하고, 형과 장난도 치고 여동생도 잘 데리고 노는데 학교에서는 전혀 이야기를 하지 않아요. 발표할 때나 출석을 부를 때에도 전혀 말을 하지 않고, 이름을 부르면 고개를 푹 숙이고 얼굴이 빨개져서는 입을 다물어버립니다. 친구들과도 잘 어울리지 않고 모둠 학습이나 친구들끼리 역할 분담 숙제가 있어도 전혀 참여를 하지 않고요.

왜 그런지 물었더니 친구들이 자기 목소리가 이상하다고 얘기했다고 하며 칭얼거리네요. 사실 목소리가 이상하지 않아요. 그래도 자신감이 없는지 얘기를 안 하고, 모르는 사람과 이야기하게 붙여도 봤는데 엄마가 하라고 할 때만 하고 전혀 이야기할 생각을 하지 않아요. 담임선생님께서도 많이 답답하셨는지 하루는 전화를 하셔서 아이의 학습 태도가 좋지 않아 수업에 방해가 된다고 하셨습니다. 우리 아이, 무엇이 문제일까요?

이럴 땐 이렇게

이는 전형적인 선택함구증의 경우다. 이런 아이들 가운데에는 "나는 말 안 해도 편안해" 하는 아이가 있는 반면, "말해야 되는데, 못하겠어. 할까? 말까?" 마음속에서 갈등이 일어나 안절부절못하는 아이도 있다. 주변에서 대여섯 번씩 계속 물어봐도 아주 편안한 눈빛으로 지그시 바라만 보는 아이도 있다. 선택적 함구증은 이렇게 다양한 증상으로 나타나는데, 그 이유에는 두 가지 정도가 있다.

① 스스로 말을 하지 않는 것에 불편함을 느끼지 않는 아이의 경우
② 마음속으로 끝없이 갈등하고, 말을 하고자 하는 의지는 있으나 표현이 안 되는 경우

선택적 함구증이란?

'선택적 함구증' 이라는 말은 익숙하지 않은 말이다. 하지만 자세히

보면 이름 안에 증상이 모두 나와 있다. 즉, 선택적으로 말을 하지 않는 증상을 말한다. 그러나 평소 말수가 적은 아이들이 모두 이 증상에 해당되지는 않는다. 선택적 함구증인 아이들은 평소 엄마와 함께 있을 땐 아주 편안하게 지내는데 엄마와 떨어지면 전혀 다른 모습을 보인다. 심한 경우엔 선생님이 "이 아이한테 2년 동안 한마디도 못 들었어요"라고 말하는 경우도 있다.

선택적 함구증은 소아정신과 진단에서 정상과 비정상을 명확하게 구분 짓기가 매우 어렵지만 일반적으로 세 가지 기준이 있다.

첫째, 본인이 괴로워할 때다.

예를 들어 아는 문제가 나왔는데 쭈뼛거리다 대답을 못하고, 집에 돌아와서 '아까 내가 말할 수 있었는데……' 하면서 억울해하고 괴로워하는 경우다.

둘째, 자신으로 인해 친구들이나 선생님들이 괴로워할 때다.

친구나 선생님이 뭔가를 물어보는데 아이가 대답을 하지 않는다. 이런 일이 몇 번 거듭되다 보면 '이 아이는 이야기를 안 하는 애야'라고 생각하고 따돌리게 된다. 이 경우 주위 사람들은 답답한데 정작 본인은 전혀 힘들지 않다.

셋째, 아이의 언어적 기능에 문제가 있을 때다.

이런 아이는 친구 관계나 학습 활동에 문제를 유발하기도 한다.

초등학교 4학년 아들이 말이 늦어서 4살에 말문이 트였어요. 그때부터 좀 더듬었는데, 최근 담임선생님께서 통지표 종합의견란에 '절대로 대답을 안 한다'라고 적어 주실 정도로 말을 안 합니다. 어휘력은 성인 못지않은데 밖에서 거의 말을 안 하고, 말을 할 때는 더 듬거려 고민입니다.

이럴 땐 이렇게

말을 굉장히 잘하고, 어휘력도 아주 좋은데 말을 더듬는 게 아이에게도 굉장한 콤플렉스다. 아이는 이것을 매우 불안해하고 자신 없어 할 수도 있다. 그래서 차라리 말을 안 하는 게 낫다고 생각하게 된다. 이런 경우에는 말 더듬과 선택적 함구증을 병행해서 치료하는 것이 바람직하다.

사회적으로 지나치게 수줍어하는 등의 문제가 있는 경우 약물 치료와 함께 사회성 증진 프로그램이 도움이 되고, 말을 더듬는 경우에는 또박또박 책을 천천히 나눠 읽는 등의 교육과 함께 언어 치료를 하면 좋다. 물론 최근에는 말 더듬는 문제도 약물을 통해 불안이나 긴장감을 조절해주는 치료가 효과적으로 시도되고 있다.

선택적 함구증의 원인

1. 기질

가장 큰 이유는 아이의 기질이다. 기본적으로 아이의 마음속에 불안의 정도가 높다는 것이다. 예를 들어 정원이 30명인 어떤 학급이 있다. 갑자기 선생님이 "내일 시험 본다! 준비해라"라고 한다면 약 10명은 "그런 법이 어딨어요" 하면서 안달복달할 것이다. 또 다른 10명은 "그냥 까짓것 보죠"라고 할 것이다. 나머지 10명은 어떻게 하나 걱정하다가 "에이, 할 수 없지" 이렇게 각각 다르게 반응한다. 다시 말해, 똑같은 스트레스와 자극을 주어도 아이들마다 반응하는 게 다르다는 얘기다.

대개 선택적 함구증이 있는 아이들은 기질적으로 부끄럼을 많이 타고 언어 기능이 조금 떨어지기도 한다. 이럴 때 자꾸 아이들에게 "이야기 좀 해! 말 좀 해!"라고 다그치는 것은 바람직하지 않다. 아이들은 이야기를 하고 싶은데 안 돼서 못하는 것일 수도 있다.

2. 사회공포증

선택적 함구증은 말을 안 할 뿐, 친구들과는 잘 어울리는 경우가 많다. 그런데 사회공포증의 형태로 선택적 함구증이 나타나면 사람들과 어울리는 것 자체를 두려워한다. 아이가 말을 안 하면 아이의 기질, 그동안의 경험, 엄마와의 관계, 친구와의 관계 등을 두루 살펴봐야 한다. 이런 복잡한 것들이 사회성에 영향을 주기 때문이다.

인지가 조금 떨어지는 아이들은 사회성이나 언어 능력이 떨어져서 2차적으로 친구들과 좋은 경험을 못하게 된다. 자꾸 위축되고 또 누구랑 이야기를 해 봤는데 '어? 저 아이는 말을 참 잘하네? 난 쟤보다 말을 참 못해' 또 이에 대한 방어로 '말 안 하는 게 내 나름대로의 전략이야'가 되고 점점 이야기를 안 하게 된다. 그 결과 그 아이는 말을 안 하는 아이로 낙인찍히게 되고, 이런 악순환이 반복된다. 만일 말을 안 하는 것이 사회성 결핍의 증상이라면 적절한 상담이나 사회 기술 훈련 등의 치료가 필요하다.

3. 부모가 소극적일 때

부모가 소극적이고 남들 앞에서 이야기를 잘 안 하는 경우, 아이도 말하지 않는 경우가 있다. 유전적인 부분도 있을 수 있다는 얘기다. 하지만 속상해 할 필요는 없다. 말을 잘하고 외향적인 것이 꼭 좋은 것, 옳은 것이라고는 할 수 없다. 아이와 주변 사람이 힘들어하지 않고, 기능적으로 문제가 생기지 않는다면 아이의 특성으로 보는 것이 옳다.

05 EBS 라디오 멘토 부모

아이의 도벽은 충동을 참지 못해 생긴다

제겐 세 명의 아이가 있습니다. 첫째는 10살 남자아이고, 둘째는 6살 여자아이, 막내는 2살 남자아이입니다. 그런데 둘째 딸이 오빠 물건에 손을 댑니다. 대단한 건 아니고 사소한 물건들을 자꾸 가져가는 거예요. 오빠가 아끼는 카드, 연필 등을 가져가서 침대 구석에 숨겨 놓기도 해요. 그러다가 오빠가 찾으면 자기는 절대 손을 안 댔다고 발뺌을 하네요.

또 지난 여름 할머니 댁에 갔을 때 일이에요. 할머니가 슈퍼에 데리고 가서 과자를 사줬어요. 그런데 집에 와서 보니깐 할머니가 사준 거 말고 다른 과자를 먹고 있는 거예요. 그걸 말도 안 하고 그냥 들고 온 거지요. 이런 일이 두 번 정도 있었어요. 아이가 나이가 어려서 그런 것인지, 갖고 싶은 마음으로 그러는 건지 도벽이 있다고 봐야 하는지 모르겠네요.

이럴 땐 이렇게

우선 아이가 물건을 훔쳤을 때 아이에게 꼭 필요해서 훔쳤는지, 아니면 전혀 필요하지도 않고 집에 있는 물건인데도 훔쳤는지 확인해 보아야 한다. 처음에 오빠 물건을 가지고 온 것은 갖고 싶은 마음에서 한 행동이니 한두 번은 애교로 봐줄 수 있다. 하지만 슈퍼에서 과자를 가져온 경우는 이미 습관이 되었다고 볼 수 있다. 처음엔 갖고 싶은 오빠 물건으로 시작을 했는데 슬쩍슬쩍 넘어가자, 슈퍼에서, 그다음엔 유치원에서 이렇게 습관이나 버릇으로 발전한 경우다.

그럴 땐 어떻게 하는 게 좋을까? 이런 일이 생기면 다음에는 어떤 벌을 받을지 정확하고 구체적으로 정하고, 똑같은 일이 벌어졌을 때 약속된 벌을 받도록 한다. 그러면 아이는 '엄마가 이렇게 반응하는 거 보니깐 이건 나쁜 일이구나' 하는 도덕적 가치관을 갖게 된다. 만일 어머니가 아무 조치 없이 한두 번 넘어가면 점차 자기 행동에 대한 가치관이 무뎌질 수 있다.

도벽

'도'는 '훔친다'라는 뜻이며, '벽'은 '습관'이라는 뜻의 한자다. 즉, 습관적으로 훔치는 경우를 도벽이라고 한다.

도벽을 정신과에서 이야기할 때 '문제에 대한 양과 질'이라는 이야기를 한다. 어떤 문제는 '한 번이라도 있으면 이상한 것'이 있다. 그건 질적으로 문제가 있다는 뜻이다. 반면에, 양적인 문제가 있는데 도벽이 이에 해당된다. 어렸을 때 남의 물건에 슬쩍 손대 본 경험이 한두 번씩은 있다. 이것이 한두 번에 끝났다면 큰 문제가 아니라고 할 수 있지만 만일 반복된다거나 횟수가 많으면 문제가 되는 것이다.

초등학교 2학년 아이인데, 딸아이의 친구가 집에 놀러올 때마다 작은 물건들을 하나씩 가져갑니다. 그런데 그 아이가 가정에서 방치된 듯 보였습니다. 딸아이 친구의 엄마한테 이 사실을 말해줘야 할까요? 또 우리 아이가 친구와 놀지 못하게 말려야 하는지 고민입니다.

이럴 땐 이렇게

이런 경우에는 친구 어머니에게 말해야 한다. 친구 어머니는 그 사실을 모를 수 있기 때문이다. 또 "그 아이가 그런 문제가 있으니까 그 친구와 놀지 마"라고 딸아이에게 이야기하는 것은 좋은 방법이 아니다. 아마 대부분의 부모들은 친구에게 나쁜 습관을 배울까 봐 걱정이겠지만 중요한 것은 내 아이가 나와 얼마만큼 원활하게 의사소통을 하고 있느냐다.

평소 엄마와 의사소통이 활발했다면 아이가 와서 엄마한테 "엄마 그 애가 이렇게 해. 이러는 거 봤어"라고 이야기할 것이다. 그러면 "넌 어떻게 했으면 좋겠니?"라고 아이의 의견을 물으면서 이야기를 진행하는 게 좋다.

사랑과 관심의 결핍이 원인이다?

흔히 충동적 도벽을 이야기할 때 부모의 사랑과 관심의 결핍이 원인이라고 생각한다. 도벽을 통해 엄마의 사랑과 관심을 훔친다는 것이다. 물론 부모의 사랑 결핍은 도벽의 원인이 될 수 있다. 하지만 전부는 아니다. 실제로 임상 결과를 보면 관심을 끌기 위해 물건을 훔치는 경우는 그리 많지 않다. 그리고 이런 경우는 너무나 쉽게 드러난다. 누가 봐도 '요 녀석이 이러려고 그러는구나?' 하고 알 수 있다. 그것보다 습관이나 버릇, 충동을 조절하지 못해 일어나는 경우가 훨씬 더 많다.

또 하나 도벽의 특징은 거짓말과 병행된다는 점이다. "너 이거 어디서 훔쳤어?" 이러면 "아, 걸렸구나. 제가 훔쳤어요" 이렇게 말하는 아이는 거의 없다. "누가 준 거야, 어디서 주웠어"라고 대답한다. 그럴 때에는 어머니가 신뢰를 갖고 믿어주어야 한다. 안 믿겨도 믿어주어야 한다. "이번에는 널 믿을게. 그런데 다음부터 이런 일이 있으면 엄마가 반드시 확인하러 친구한테 가볼 거야. 그리고 다음부터 주운 물건은 절대로 가져오지 마"라고 분명히 이야기하고 자기 행동에 스스로 책임지게 하라.

남자아이가 더 많이 훔친다?

도벽은 여자아이보다 남자아이가 더 높게 나타난다는 통계가 있다. 과연 성별이 문제가 될까? 실제로 물건을 훔치는 아이들을 보면 계획을 세워서 훔치는 게 아니고 "어, 여기 이런 게 있네? 와, 좋다. 어, 아무도 없네? 가져가야지" 이런 단순하고 강한 충동성 때문에 물건을 가져간다. 그렇기 때문에 여자아이보다 충동적인 남자아이들에게 도벽이 더 많이 나타나는 것으로 보인다.

06 EBS 라디오 멘토 부모

일상을 즐겨야 우울증에 빠지지 않는다

직장에 다니는 주부인데 직장일과 집안일을 병행하다 보면 지치고 기분이 언짢아집니다. 그러다 어느 날 그동안 쌓였던 것이 한꺼번에 폭발하곤 하지요. 어떻게 하는 게 좋을까요?

이럴 땐 이렇게

직장을 다니는 주부의 경우, 슈퍼우먼이 되어야 한다는 부담감이 우울감에 한몫을 한다. 그중에서도 가장 나쁜 경우가 오랫동안 참다가 한번에 폭발하는 경우이다. 만일 힘들고 기분이 나빠진다면 그때그때 대화 등의 방법으로 풀어야 한다. 다시 말하면 화를 내지 않고 문제를 바로 해결해야 한다는 의미다.

만일 1 정도의 스트레스를 10 정도까지 참았다가 10을 한꺼번에 폭발시키면 당하는 남편이나 아이는 '나는 1을 잘못했는데 왜 10으로 폭발하지?' 하며 부당하다고 생각한다. 본인은 정당하게 화를 낸다고 생각하지만 남편과 아이는 지나치게 화낸다고 생각해서 서로 불편해진다. '내가 문제다', '내가 고쳐야지' 하는 사이클이 돌면 괜찮은데 서로 남의 탓을 하게 되면 내 문제가 안 보인다. 물론 우울감이 심해지면 내 잘못이 아닌데도 다 내 탓으로 여기게 되는데, 이런 경우에는 내 문제를 찾아 해결한다는 생각이 더 우울감을 악화시키기도 한다.

우울증

우울과 우울증은 다르다. 우울한 일이 있을 때는 우울해야 한다. 부부싸움을 하고 나서도 기분이 좋다고 하면 문제가 있는 것이다. 우리가 알아볼 우울증이란 것은 상황에 맞지 않게, 스트레스 정도에 맞지 않게, 일상생활에 지장이 되는 우울 증상을 말한다.

우울증은 병인데, 병이라는 의미는 내 의지를 가지고는 극복이 잘 안 된다는 뜻이다. 우울한 상태는 내가 의지를 가지고 해결할 수 있는 상황인 것이고 우울증은 내 의지나 노력을 가지고 혼자서는 극복이 어려운 상태를 말한다.

대다수의 주부들이 '난 우울한 상태일 거야'라고 생각하는데 이를 명확히 구분 짓기 어려우므로 정신과적인 치료를 받아야 될지에 대해 판단하기 위해서는 다음의 세 가지를 고려해야 한다.

① 내가 괴롭다.
② 주위 사람들이 힘들다.
③ 신체 기능상에 문제가 있다.

주부라면 남편과의 관계, 아이들과의 관계에서 짜증이 많이 난다거나 빨래는 막 쌓여 가는데 '저거 해야 하는데' 하면서도 전혀 몸이 안 움직인다거나 하는 것들로 구분할 수 있겠다.

1. 우울증의 주기

우울증은 주기가 있다. 적어도 2~3주 이상이 지속되어야 한다. 오늘은 날씨 때문에 기분이 멜랑콜리하다거나 아이가 성적을 잘 못 받아왔다거나 해서 며칠 우울한 감정을 느끼는 것을 우울증이라고 하지 않는다. 2주 이상 지속적으로 유지되는 감정을 우울증이라고 한다.

2. 우울증의 증상

첫째, 감정이 우울해지고, 다음으로 생각이 우울해진다. 즉, 부정적 생각이 든다는 것이다.

둘째, 내 자신이 아주 무능력해 보이고, 자기 주변이 굉장히 무가치해 보이며, 미래가 부정적으로 보인다.

셋째, 신체 증상이 나타난다. 대표적으로 식욕, 수면욕, 성욕이 떨어진다. 이중에서 가장 대표적인 증상은 무기력과 의욕 상실이다.

우울증은 가지 많고 뿌리 깊은 나무와 같다. 뿌리가 우울이고 가지는 아주 다양한 형태로 나타난다. 가지를 크게 나누면 기분, 부정적인 생각, 식욕, 성욕, 수면욕이 떨어지는 신체 증상 등의 가지가 있다.

우울하면 입맛이 떨어져 일반적으로 많이 마르게 되는데, 여성 또는 소아·청소년 우울증의 특징은 거꾸로 많이 먹게 된다는 점이다. 이때 겉으로 드러나는 것은 비만, 불면, 짜증, 신경질이지만 그 진짜 모습은 우울이다. 이러한 것을 우울이 가면을 쓰고 있다고 해서 '가면성 우울(Masked depression)'이라고 한다. 나타나는 증상은 허리 아프고, 머리 아프고, 소화가 안 되는 것이어서 내과에 가 진단을 받아 보면 정상이라고 하지만 다 우울이 뿌리일 수 있다. 우울증이 치료되지 않으면 신체 증상이 해결되지도 않고 만성적으로 반복될 가능성이 높다.

3. 우울증의 문제점

우울증의 가장 심각한 문제가 자살이다. 자살 충동을 느낄 때는 정신과 치료를 꼭 받아야 한다. 우울의 정도가 높은 것은 뇌의 질환이지 원래 성격이 나빠서가 아니다.

자살 충동을 느끼는 경우 항우울제 즉, 약물 치료가 제일 효과적이어서 제일 많이 쓰는 방법이다. 가장 안전하고 편안한 치료이며, 외국에서도 항우울제 치료가 일반화되어 있다. 항우울제 치료는 한 달에서 길어도 6주 정도가 지나야 좋아지는데, 일단 증상이 좋아지면 약을 끊는 경우가 많다. 하지만 다시 사이클이 돌아와서 소위 재발하는 경우가 많다. 따라서 주치의와 상의하면서 꾸준히 치료해주어야 한다. 항우울제는 진통제가 아니기 때문에 좋은 상태에서도 우울증 사이클을 줄이기 위해서 꾸준히 치료해주는 것이 좋다.

우울증은 1년 내내 우울한 것이 아니라 사이클이 있다. 우울해졌다 좋아졌다가를 반복한다. 치료하지 않고 지나도 6개월 내지 9개월이 되면 어느 정도 좋아진다고 치료를 받지 않아도 된다고 생각하는 경우가 있으나 반드시 사이클이 되풀이된다는 것을 알아야 한다.

4. 우울증의 예방법

주부우울증을 예방하기 위해서는 일상생활을 즐겁고 재미있게 하는 것, 즉 내 나름대로 의미 있는 삶을 살려는 노력이 필요하다. 독서, 명상, 여행 등 내 나름대로 가장 의미 있게 사는 삶이 어떤 것인가 평소에 생각해서 실천하는 것이 좋겠다. 우울증을 예방한다기보다 내 인생을 의미 있게 보낸다고 생각하면 되겠다.

우울증을 병이라고 볼 수도 있지만 가만히 누워 있고 아무것도 하지 않는 특성을 보면 하나님이 그동안 많이 힘들었으니 좀 쉬라는 의미로 준 것이라고 이야기하는 사람도 있으니 일상생활을 즐겁고 활기차게 하는 것이 바로 우울증의 예방법이다.

주부우울증을 앓고 있는 주부들에게 우울이 심하면 전문가의 도움과 약물 치료를 권하지만, 그러기 전에 남편, 친구, 아이들에게까지 도움을 구하는 것이 좋다고 말하고 싶다.

"내가 이러이러하다. 나를 어떻게 도와줄 수 있겠느냐?"라고 도움을 청하고, 가족들이 노력하는 것을 보며 '나를 위해서 우리 가족이 이렇게 열성적으로 나를 돕고 있구나' 하고 생각한다. 그 마음만큼 주부들을 편안하게 하고, 우울증을 극복할 수 있게 하는 것은 없다. 하지만 우울증이 심하면 가족들의 노력도 무관심하게 느껴질 수 있다는 것을 잊지 말자.

햇볕을 주기적으로 쬐고 집을 밝게 하고 운동 등 몸을 움직이는 활동들을 하는 것 또한 좋은 방법이다.

계절성 우울증

우울증은 계절과 아주 밀접한 관련이 있다. 이것은 정신과에서 일반적으로 공인된 이야기이다. 공식적이진 않지만 '계절성 우울증(Seasonal affective disorder)'이란 병명도 있다. 봄이 되면 기분이 들떠 조증 환자들이 늘어나고, 가을쯤 되면 우울증 환자들이 늘어난다. 우울한 여지가 있는 사람들이 가을이나 겨울에 일조량이 적어지면서 에너지를 공급하고 활발하게 만들어주는 호르몬의 생성이나 활성이 적어져 우울증이 나타나는 것이다. 이 시기에는 일부러라도 햇볕을 많이 쬐어주는 것이 좋겠다.

07 EBS 라디오 멘토 부모

합리적인 사고로 강박증에서 벗어나라

100점 받으라고 스트레스를 주는 것도 아닌데 아이가 받아쓰기 시험 전에 10번 이상을 연습하고도 불안해하고 웁니다. 그리고 자꾸 똑같은 것을 물어요.

이럴 땐 이렇게

반복 질문은 흔한 증상 가운데 하나다. 소위, '체크 앤 리체크 (Check and Recheck)'라고 하는데, 확인하고 또 확인하는 증상이다. "선생님 소풍 가죠?" "비가 와도 가는 거죠?" 하면서 계속 질문을 한다. 이것은 두 가지로 생각할 수 있는데, 하나는 강박인 경우다. 이런 강박의 흔한 증상 중에 가방을 챙기며 수차례 제대로 챙겼는지 확인하는 경우가 있다. 이런 증상들이 반복되면 강박증이라고 볼 수 있다. 이런 증상들은 한 가지에만 있는 것이 아니고 다른 것에도 증상이 있을 수 있다. 상황이 심하고, 엄마가 안정되게 도와주고 격려했는데도 나아지지 않는다면 전문가의 치료를 받는 것이 좋다.

강박증

강박증은 우리나라 말로는 한 단어지만, 영어로 살펴보면 'obsessive compulsive disorder'라 해서 두 증상으로 구성 되어 있다. 'obsessive'라는 것은 '생각이 반복되는 것'이고, 'compulsive'는 '행동이 반복되는 것'이다. 즉, 내 의지와는 상관없이 어떤 생각 또는 행동이 반복되는 것을 말한다.

1. 강박증과 강박 현상

강박증과 강박 현상을 구분하기가 쉽지는 않은데 이때는 결과를 보는 것이 중요하다. 문단속이나 TV 콘센트, 컴퓨터 스위치 등을 꼼꼼하게 확인하는 것을 아이가 힘들어하지 않고 정리정돈을 잘한다면 나쁜 게 아니다. 하지만 아빠가 술 드시고 오는 새벽 1시까지 문단속을 하려고 참고 기다려서 다음날 아침에 힘들어하거나 아빠가 늦게 들어오면 졸리니까 '언제 들어오시나' 하며 초조해 한다면 문제가 된다.

누구나 강박적인 생각은 어느 정도 있기 마련이다. 강박증과 강박 현상은 본인이 얼마나 힘든지에 따라 다른 것이다. 강박 현상은 어느 정도 조절이 되기도 한다. '오늘은 졸리니까 그냥 자야겠다'라고 생각할 수 있다면 강박 현상이라고 할 수 있다.

2. 강박증의 대표적인 증상

가장 흔한 것은 생각 측면으로, 나쁜 생각들이 자꾸 반복되는 경우다. 또 행동 측면으로 자주 나타나는 증상은 손을 자주 씻는 것이다. 이런 경우 결벽증이라고도 하는데, 의학적으로 보면 결벽증은 '깨끗함에 관한 강박'으로 강박증의 한 형태라고 말할 수 있다. 이것은 강박증 때문에 그럴 수도 있고, 직업과 관련한 습관이나 버릇으로 생길 수도 있다. 예를 들어 외과의사가 하루에 수십 번 손을 씻는 것, 은행업 종사자가 돈을 수차례 세어 보는 것, 발레리나가 강박적인 다이어트를 하는 것 등을 들 수 있다.

아이들에게 나타나는 가장 흔한 강박 증세 중 하나는 시험 볼 때 1번 문제를 못 풀면 다음으로 넘어가지 못하는 것이다. 이런 것을 의학적으로는 '병적인 느림'이라고 한다. 또 한 시간 공부한다고 앉아 있는 데도 땀을 뻘뻘 흘리면서 진도를 못 나가는 아이가 있다. 이런 증세에 대한 반응을 두 가지로 나누어 볼 수 있는데, 반복 행동을 하면서 편안함을 느끼는 경우와, '나 이러면 안 돼'라고 자각하면서도 중단하지 못해 괴로워하고 자책하는 경우다. 이런 증상들은 '내 의지와 상관없이'라는 점이 중요하고 환자를 이해할 때도 이점을 유의해야 한다.

사랑하는 아이나 남편이 갑작스런 사고를 당할지도 모른다는 생각

이 머리에서 떠나지 않아요. TV에서 사고 난 장면만 봐도 우리 가족이 당하지 않을까 걱정이 되어 아무 일도 할 수가 없어요. 왜 자꾸 이런 생각이 드는 걸까요?

이럴 땐 이렇게

강박의 증상 가운데 하나로 'GAD(Generalized Anxiety Disorder)'라고 해서 범불안장애가 있다. 범불안장애는 항상 불안한 증상으로, 비가 오면 '홍수 나면 어떡하지?', 내일 시험을 본다고 하면 '시험 못 보면 어떡하지?', 눈이 오면 '이러다가 우리 집 지붕이 내려앉으면 어떡하지?' 하면서 끊임없이 걱정을 하는 경우를 말한다. 이런 증상은 어른들보다 아이들에게서 많이 나타나며 강박과 범불안장애 두 가지가 겹쳐 있는 경우도 많다. 아이가 이런 증상을 보이며 힘들어한다면 전문가의 도움을 받는 것이 바람직하다.

3. 강박증의 원인

강박증의 원인은 세로토닌이라는 뇌의 신경전달물질의 균형이 깨진 데에 있다. 우리의 뇌는 A에서 B로 생각 또는 행동이 옮겨 가면 A를 억제하는 메커니즘이 작동한다. 그래야 B로 넘어갈 수 있기 때문이다. 그런데 강박증의 경우엔 A를 억제하는 능력이 떨어진다. 그런 기능이 세로토닌의 기능 중 하나인데, 세로토닌이 그 기능을 못하기 때문에 A에서 B로 넘어갔는데도 A가 계속 진행되는 것이다.

4. 강박증은 유전인가

결론적으로 말하자면, 강박은 유전이다. 강박은 뇌의 문제인데 아이의 눈, 코, 입이 부모를 닮듯이 뇌도 우리 몸의 일부로서 부모를 닮는다. 특히 강박증은 유전 성향이 매우 많다.

또 하나 틱과 강박은 같이 유전된다는 견해가 있다. 만일 가족 중에 틱이 있으면 다른 사람은 강박으로 나타나기도 한다. 즉, 엄마가 강박증이면 아이에게 틱이 나타날 수 있다는 것이다. 그래서 강박과 틱의 유전자가 있는 위치까지 같다는 견해도 있는데, 둘 사이의 발현 양상에는 차이가 있다. 한 연구 결과에 따르면 남자들의 경우엔 틱으로 많이 나타나고, 여자들은 강박으로 나타난다. 치료 역시 강박증이 같이 치료가 되어야 틱도 좋아진다는 연구 결과가 꽤 있다.

보통 유전이라고 하면 치료가 안 된다고 생각하기 쉽지만 강박은 생물학적 유전이기 때문에 오히려 약물 치료가 효과적이라는 점을 것을 기억해 두자.

5. 강박증을 대하는 부모의 자세

강박은 결과를 보는 것이 중요하다. 강박 행동을 통해서 결과가 좋냐 나쁘냐를 보는 것이다. 한 발달학자는 초등학교 기간(7~10세)을 '강박 시기(Obsessional period)'라고 이야기하기도 한다.

현대 도시 생활은 그렇지 않지만 아메리칸 인디언을 생각해 보면 이 시기에 진짜 살아가는 법을 배우게 된다. 아들은 아빠 따라 사냥을 나가고, 집 짓는 법을 배우고, 딸은 엄마와 같이 요리를 배운다. 이 시기는 끊임없이 확인하고 또 확인하는 꼼꼼한 시기이다. 그래서 이 시기를 강박 시기라고 하며, 병과 무관하게 이 시기에 강박 증상이 더 심할 수 있다는 견해도 있다.

또한 아이의 강박 증세 중에서 있지도 않은 것을 미리 걱정하는 경우가 많은데, 이때 부모는 반복되는 현상에 짜증스럽게 대할 수 있다. 하지만 증상이라는 생각으로 이를 대해야 야단치거나 혼내서는 해결되지도 않을 뿐더러 아이의 고통을 공감한다는 것이 아주 중요하다는 것을 깨닫게 될 것이다.

6. 강박증의 치료법

강박증의 경우엔 두 가지 치료법이 있다. 인지 치료와 약물 치료가 그것인데, 두 가지가 팽팽하다.

인지 치료법 중 하나는 자동적으로 사고하는 것을 의식적으로 합리적인 생각으로 바꾸는 것이 있다. '우리 딸이 집에 오다가 사고가 나지 않을까?'란 생각이 들면, '여태까지 그런 적이 없었잖아. 확률적으로도 안전할 확률이 더 높잖아' 하며 억지로 긍정적인 생각을 하는 것이 아니라 의식적으로 합리적인 생각을 하도록 하는 것이다.

여기서 이렇게 했을 때 내 마음이 어떻게 변하는지를 노트에 적는 방법을 사용하기도 한다. 될 때까지 의식적으로 바꾸려 노력하는 것이 중요하다. 일종의 훈련이라 생각하면 된다. 하지만 이 방법은 시간도 오래 걸리고 치료 성적도 크게 우수하지 못하다. 더욱이 아이가 어린 경우에는 지속적으로 시행하기 어려울 때가 많다. 따라서 약물 치료가 요즘은 강박증 치료의 대세를 이루고 있다. 이때 중요한 점은 강박 치료의 결과는 오랜 시간 후에 나타날 수도 있으므로 인내를 가지고 꾸준히 해야 한다는 것이다. 또 약물 치료에 대해 지나치게 미리 걱정할 필요가 없다. 강박에서 사용하는 약물은 습관성의 성향이 없는 것으로 알려져 있다.

TIP

예기불안

시댁 식구만 생각하면 속이 메슥거리고 토하는 사람은 '시댁 식구=구역질'로 두 개가 조합이 되어 있는 것이다. 이것은 실제론 관계가 없는 이상한 조합이다. 이것의 문제점은 오랜 시간 증상을 경험한 경우, 후에는 아무 생각 없이 계속 반복된다는 것이다. 예기불안 즉, 일이 있기 전에 불안함을 느끼는 상황으로 넘어갈 수 있기 때문에 자꾸 방치하면 강화된다. 계속 같은 상황에서 좋지 않은 경험을 한다면 조기에 해결할 수 있도록 조치해야 한다.
왜 두 개가 조합이 될까를 생각해 보고 다른 것과 조합시키려 노력해 보는 것이 좋다. '시댁 식구'라고 했을 때 나도 모르게 자동 사고로 '구역질이 날 것 같아'가 나오는데, 의식적으로 '내가 예전에 갔던 재미있게 지냈던 해수욕장'으로 조합을 해 보는 것도 한 방법이다. 마음대로 쉽게 되는 것이 아니므로 반복적으로 훈련을 해야 한다.

08 EBS 라디오 멘토 부모

재혼의 성공은 육아에 달려 있다

저는 2년 전 재혼했습니다. 아들은 대학 1학년생, 딸은 고등학생인데, 딸이 아빠가 있을 때와 없을 때 행동이 너무 다릅니다. 아빠가 없을 때는 인사도 안 하고 말도 함부로 합니다. 남편에게 이야기하면 왜 애들 욕을 하냐고 저를 나무랍니다. 어떻게 해결해야 할까요?

이럴 땐 이렇게

아이는 새엄마에게 아빠를 빼앗겼다는 배신감을 느끼고 있다. 그리고 의도적으로든 무의식적으로든 아빠와 새엄마의 사이를 벌려 놓는다. 이때 가장 중요한 것은 아빠의 역할이다. 아빠는 딸에 대한 미안한 마음을 가지고 있을 것이다. 하지만 딸에게 새엄마의 진짜 모습을 보여주도록 노력해야 한다. 그러기 위해선 아빠와 새엄마, 그리고 딸이 함께하는 자리를 만들어 보는 것이 필요하다.

새엄마는 딸과의 관계에 앞서 남편과의 관계가 우선되어야 한다. 어떤 문제가 생기더라도 부부간의 사이가 안정되어 있다면 쉽게 극복할 수 있기 때문이다. 딸과의 갈등이 계속된다면 남편에게 솔직하게 이야기하고 새엄마가 고쳐야 할 점도 상의하는 것이 좋다. 자칫 아이 문제만 이야기하다 보면 일방적으로 호도하는 느낌을 받아 아빠가 아이를 편들 수밖에 없다. 또한 아이의 교육방침에 대해 충분히 이야기를 하고 부부가 서로 입을 맞춰서 부부 행동을 일치시키는 것이 좋다.

성공 재혼의 길은 육아에 있다

가정이 많이 흔들리고 있고, 가정이나 가족의 가치들이 점점 약해지고 있다. 여러 가지 형태의 가정이 나타나고 있고 가정의 가치가 흔들리는 것도 문제지만 아이가 성장한 후에도 영향을 미친다는 면에서 더욱 문제가 크다. 재혼하는 가정이 많아지고 있다. 통계를 보면 깜짝 놀랄 정도다.

엄마 아빠의 입장에서도 새로운 출발을 하는 데 아이들은 큰 변수가 된다. 만일 이혼이나 재혼을 앞두고 있는 부모가 있다면 우선은 아이들을 고려하라고 말하고 싶다. 그 이유는 아이들에겐 선택권이 없기 때문이다. 수동적 존재인 아이들을 가장 먼저 배려해야 한다. 다른 사람의 사례는 참고로만 생각해야지 그것을 우리 집에 꼭 적용할 필요는 없다.

사실 재혼의 성공은 육아에 달려 있다. 준비 기간이 꼭 필요하다. 아이에게 생각이나 원하는 바를 물어보고 아이의 성향을 살펴보아야 한다. 또한 결혼해서 새 부모의 자녀들이 생길 텐데 그럴 때 발생할 수 있는 문제 등도 상의하여 준비해야 한다.

> 재혼 당시 남편의 아들이 초등학교 3학년이었는데 엄마와 떨어져 지낸 지 6년이나 되어서 그런지 책을 본다거나 스스로 공부를 한다거나 하는 등의 습관이 전혀 안 들어 있었습니다. 제가 바로잡아주기 위해 공부도 시키고 책도 읽히곤 했는데 그때마다 아이는 화를 내고, 남편 또한 저를 나무라는 일이 잦았습니다. 그래서 아이 교육에 손을 놔버렸습니다. 생활비나 아이 교육비도 시아버지께서 지원해주셨기 때문에 저는 주도권을 가질 수 없었습니다.

이럴 땐 이렇게

이런 경우에는 아이에 대한 일을 나눠서 해 보는 것도 방법이다. 양육을 나눠서 해 보라는 것이다. 일정 부분을 남편이 돌봐주게 하고 나머지 부분을 엄마가 하는 것이다. 그래서 아이가 얼마나 문제가 있는지 아빠가 느낄 수 있게 해라. 아빠가 직접 아이의 양육에 참여해서 아이의 문제를 스스로 느끼고 고민할 필요가 있다.

열린 마음으로 대하라

재혼했거나 이혼한 가정의 아이라고 하면 세상은 선입견들을 갖는다. 그것은 재혼 가정의 문제가 아니라 주위의 문제다. 주위에 이런 가정이 있다면 항상 내 일처럼 생각해주는 것이 중요하다.

이혼 가정의 아이를 '문제가 있을 것 같은' 아이로 보지 말고 열린 마음으로 대해야 한다. 물론 아이는 엄마가 키우는 게 제일 좋다. 하지만 좋은 삼촌, 좋은 고모, 이모 등이 잘 보살핀다면 엄마가 키우는 것 못지않게 잘 자랄 수 있다.

대부분의 재혼 가정은 '처음엔 잘해야지' 하다가 막상 아이가 말을 안 듣거나 곤란한 상황에 빠지면 갈등이 생긴다. 새엄마의 경우 아이가 잘못을 할 때 혼내줘야 하는데 자꾸 아빠의 눈치를 보게 된다. 아이가 콩쥐팥쥐의 계모로 생각하지 않을까 하는 생각을 하는 것이다. 하지만 주위 시선으로부터 당당해져야 한다. 엄마가 널 사랑한다는 자신감을 갖고 이야기해라. 생각의 주체는 나라는 것을 알아야 한다.

09 EBS 라디오 멘토부모

아이 마음이 편해야 잠도 잘 잔다

9세 딸아이가 있는데요, 아이가 무서운 꿈을 자주 꿔요. 아주 무서운 꿈을 꾸는 날은 무서워서 아예 잠을 자는 걸 힘들어해요. 아이가 편히 잠들 수 있도록 도와줄 방법이 없을까요?

이럴 땐 이렇게

아침에 깨어나서 꿈의 내용을 기억하고 있는 경우에는 악몽에 해당되는데, 악몽은 야경증과 달리 수면의 후반부에 나타난다. 전반적으로 악몽이 야경증보다 힘들다. 꿈 내용을 기억하고 이것 때문에 잠을 거부하기도 한다. 이럴 땐 아이를 도닥여주고 안심시켜야 한다. 너무 심하면 약물 치료가 필요하다. 악몽의 내용은 의미를 해석해야 하는 경우도 있고, 외부적인 자극(문이 열려 있는 경우에 추위에 떠는 꿈을 꾼다거나, 오줌을 싸고 수영하는 꿈을 꾸는 등의)이 꿈에 나타나는 경우도 있다. 혹은 낮에 간절히 바라는 것(축구에서 이기고 싶으면 실제 이기는 꿈을 꾼다거나 하는 등)이 나타날 수도 있다.

아이를 혼자 재우려면 먼저 확신을 줘라

아이를 혼자 재우는 방법에 대해 고민하는 경우도 많다. 따로 자는 것이 딱히 좋고 나쁜 것은 아니다. 요즘 문화는 대개 서양 문화에 기반을 두고 있어서 독립성이 강조되기 때문에 일반적으로는 혼자 자는 것이 좋고 이를 훈련시켜야 하는 것을 원칙으로 생각한다. 이런 훈련을 시킬 때 엄마가 책을 읽어주면서 아이가 잠들기 전까지 같이 있어주는데 이때 아이들이 잠들기 전까지는 나가지 않는다는 확신을 주는 것이 중요하다. 아이가 완전히 잠들고 난 뒤 방을 나오는 것이 좋다. 만일 아이가 새벽에 깨어 엄마를 찾으면 똑같은 방법으로 다시 아이를 재우고 나와야 한다.

7살 여자아이입니다. 아이가 아기 때부터 잘 자는 편은 아니었습니다. 일주일에 한두 번 정도 공포에 질린 것 같은 표정으로 일어나서 울기도 하고 베란다에 나가 있기도 하다가 땅을 손으로 치면서 무엇을 뽑아내야 한다는 말을 하고 눈도 잘 안 마주칩니다. 그러다가 한숨을 푹 쉬거나 하품을 하다가는 자는데요, 무엇이 문제일까요?

이럴 땐 이렇게

이는 대표적인 야경증이다. 스트레스가 원인이 아니니 뇌가 성숙해지기를 기다려야 한다. 아이가 두려워하거나 무서워할 때에는 깨워도 일어나지 않는다. 정도나 빈도를 봐서 치료를 받는 것이 좋다.

악몽과 야경증을 구분하라

아동의 수면 장애에서 가장 많은 것은 야경증이다. 이것은 원칙적으로 크게 걱정할 일은 아니다. 대부분 정상으로 돌아오기 때문이다. 야경증은 잠의 초반부에 나타난다. 자다 일어나서 무서워하고 놀라기도 하며 말도 하고 걷기도 하고 울기도 한다. 하지만 자고 일어나면 기억을 못한다. 여기서 중요한 것은 악몽과는 구분해야 한다는 것이다. 악몽은 잠의 후반부에 나타난다. 악몽은 기억이 나지만 야경증은 기억이 안 난다. 낮잠 잘 때도 야경증이 나타날 수 있으며 심하면 약물 치료가 효과적이고 안전하다.

부모들이 걱정하는 아이의 수면 습관

머리를 만지고 자거나 귓불을 만지면서 자는 것도 걱정하는 경우가 많은데 그냥 내버려 두어도 된다. 정상적인 행동으로 보는 것이 옳다. 다만 빈도가 심하거나 정도가 심하면 소아정신과 전문의와 상의해 보는 것이 좋다.

아이가 자면서 이를 심하게 갈면 부모님들 걱정이 심하다. 하지만 대부분의 경우, 두고 보는 수밖에 방법이 없다. 아이에게 이를 갈지 말라고 해도 본인이 의식할 수 없는 문제이기 때문이다. 만일 이 가는 증상이 심해져서 턱이 아프거나 관절이 어긋나는 등의 문제가 생기면 마우스피스를 물리고 자게 하거나 수면의 구조를 변화시키는 약물 치료를 시도할 수도 있다.

10 EBS 라디오 멘토 부모

신체화장애는 스트레스에서 도망치려다 생긴다

아이가 초등학교 3학년입니다. 평소 머리가 아프다는 말을 달고 살아요. 매번 약을 먹일 수도 없고 어떻게 해야 할까요?

이럴 땐 이렇게

신체화장애의 특징은 반복한다는 것이다. 이때 엄마는 먼저 공감해주어야 한다. 그러고 나서 "그렇지만 네가 할 일은 다 해야 한다"고 말해준다. 처음부터 진통제는 쓰지 않는 것이 좋다. 처음부터 약을 먹으면 아이가 자신이 병이 있다고 인정을 하게 된다.

꾀병이라면 화를 낼 수도 있지만 신체화장애는 본인이 실제 고통을 느끼는 것이므로 고통은 인정하면서도 단호하게 자신의 일을 해야 한다고 말하고, 그렇게 할 수 있도록 도움을 주어야 한다. 즉, 자기가 해야 할 일에 책임질 수 있게 하라는 뜻이다.

신체화장애는 극심한 스트레스가 원인

신체화장애는 아이가 신체 증상(복통, 두통, 소화 불량, 호흡 곤란 등)을 호소하는데 병원에서는 아무 이상이 없다고 하는 경우를 말한다. 소위 신경성이라는 말을 자주 쓰는데, 이 말을 정신의학에서는 보통 심인성이라고 한다.

우리가 극심한 스트레스에 시달릴 때 대응하는 방법은 크게 두 가지다. 하나는 맞서 싸우는 것이고, 하나는 도망가는 것이다. 그중에서 도망가는 전략의 대표적인 것이 신체화이다. 특히 우리나라 정서는 '아픈 것'에 관대하기 때문에 이런 증상이 두드러진다.

> 6살 아이인데 사이렌 소리를 들으면 긴장이 심해져서 수업도 못 듣고 배도 아프다고 합니다. 심지어 식은땀도 흘리는데, 어떻게 대처해야 좋을지 모르겠어요.

이럴 땐 이렇게

6세 아이에게 사이렌 소리는 정말 무서울 수 있다. 하지만 같은 상황에서 다른 아이와 다른 반응을 보인다면 스트레스에 대응하는 기능이 부족한 아이로 평가할 수 있다. 즉, 불안을 쉽게 느끼는 아이이다.

그럴 땐 사이렌이 이런 의미가 있는 것이고 무섭지 않은 것이라고 잘 설명해준다. 알면 덜 무섭고 모르면 더 무서운 법이다.

아이가 배 아프다는 것은 "엄마 무서워"라고 하는 것이다. 그럴 때는 "네가 무섭구나" 하고 지지를 해줘라. "배 아파"에서 "무서워"로 말을 바꿔주는 것이다. 그리고 배 아픈 것에는 관심을 갖지 마라. 신체화장애는 불안장애와 연관이 많다.

아이를 대할 때 부드럽게 애정을 표현해줘라. 체육 시간에 배 아프다고 하면서 체육을 안 하려고 하는 경우도 흔한데 체육의 강도나 참여 시간을 낮은 것부터 조금씩 높여주고 지지해주는 분위기를 조성해주는 것이 좋다. 하지만 체육 시간에 반드시 참여하는 것을 원칙으로 삼아야 한다.

신체화장애는 신체적으로는 건강하다

신체화장애는 학교에 가야 할 때나 시험 기간, 중요한 일을 해야 할 때 특히 심해진다. 이런 증상을 앓고 있는 환자는 굉장히 많다. 실제로 내과 외래 환자의 약 60%가 신체화장애라는 보고도 있었다.

아이가 정말로 고통을 호소하니, 병원에서 이 검사, 저 검사도 하고 약도 먹게 된다. 심지어 수술을 하는 경우도 있다. 이른바 병원 쇼핑이다. 하지만 나아지지 않는다. 그러다 10년 후 정신과를 찾게 된다. 대개 무슨 병이라고 확진을 할 수 없는 경우에는 '약하다. 허하다'라고 하는데 이 말은 잘못된 것이다. 이런 진단이 내려지면 아이는 평생 환자 역할을 하게 된다.

아이가 이런 증상을 보인다면 신체적으로 건강하다는 말을 분명하게 해주어야 한다. 물론 충분한 검사를 받을 필요는 있다. 단 검사는 한 번에 그쳐야 한다. 아이에게 신체적으로 아무 이상이 없다는 사실을 단호하게 말해주어야 한다.

> **TIP**
>
> **히스테리**
> 히스테리는 내가 모든 관심의 상황에 중심에 서려는 것이다. 히스테리는 극적으로 아프다. 신체 증상이 심하고 극적인 경우가 많다. 그래서 히스테리는 연극적 성격이라고 한다.

11 학습장애와 공부를 못하는 것은 다르다

EBS 라디오 멘토 부모

초등학교 6학년 남자아이인데 학원은 안 다니고, 주로 집에서 공부합니다. 굉장히 열심히 하는데 이상하게 수학만 성적이 안 올라요. 검사도 받아 봤는데 집중력은 99%, 수 계산은 8%로 나왔어요. 학교에서도 연산력이 부족하다고 합니다. 이럴 경우엔 어떻게 연산력을 향상시켜줄 수 있을까요?

이럴 땐 이렇게

일반적으로 읽기, 쓰기 같은 언어영역은 좌반구이고, 수학은 우반구와 관련이 많다. 연산력이 부족하다는 것은 단순 계산이 부족하다는 것이다. 결국은 많은 연습이 필요한데 연산이 안 된다면 기본적 연산력을 훈련시켜야 한다. 하지만 연산 연습은 지루하다. 이럴 때 시청각을 이용하는 등 다양한 방법을 쓰는 것이 필요하다.

학습장애는 공부 못하는 것과 동의어가 아니다

학습장애는 특수학습장애라고도 한다. 지능은 정상인데, 읽고 쓰고 셈하기가 안 되는 것이다. 이 질환의 진단에서는 적절한 교육을 받았다는 것을 전제로 한다. 많은 아이들이 학습장애를 겪고 있는데, 특이한 것은 학습장애아동 중 지능이 높은 아이들이 꽤 많다는 것이다. 다시 말하면, 학습장애가 공부를 못하는 것과 동의어는 아니라는 뜻이다.

학습장애는 자신감이 떨어지고, 우울증, 대인기피증으로 이어진다. 학교에서 기본학습이 안 되면 아침부터 저녁까지 고통을 겪는다. 머리도 아주 좋은 아이가 고개를 박고 선생님과 눈을 안 마주치려고 한다. 친구들도 피하게 된다. 학습장애가 있는 것을 엄마가 모르고 "정신 못 차려서 그래, 열심히 안 해서 그래"라고 말하면 아이도, 엄마도 둘 다 고통스러워지는 것이다.

초등학교 1학년인데 'ㅗ'와 'ㅜ', 'ㅓ'와 'ㅏ'를 헷갈려할 때가 많아요. 이것도 학습장애의 종류인가요? 어떻게 고칠 수가 있을까요?

이럴 땐 이렇게

대표적인 읽기나 쓰기장애의 증상이다. 이럴 땐 시각적 훈련을 하는 것이 도움이 된다. 그러나 읽기가 안 되는 경우에는 시각적 훈련보다는 그냥 읽기나 쓰기를 더 반복하여 몰두하는 것이 도움이 된다. 읽기나 쓰기 할 때는 깍두기공책을 쓰는 것도 좋다. 특히 띄어쓰기가 안 되는 경우가 그렇다. 같은 패턴으로 계속 틀리고, 다른 부분은 전혀 문제가 없다면 학습장애를 생각해 봐야 한다.

읽기장애와 쓰기장애

1. 읽기장애

읽기장애는 남자아이들에게 많이 나타난다. 읽기장애의 증상은 책을 읽을 때 발음 나는 대로 읽거나, 문장과 틀리게 읽는 것이다. 구름을 '구럼'으로 읽는다거나, 무엇을 넣어서 읽기도 한다. '사랑합니다'를 '사랑을 합니다'로 하거나 '사랑합니다'에서 '사랑합다'라고 글자들을 빼고 읽는다. 또는 한 줄을 몽땅 넘겨 읽기도 하는데, 이런 아이는 공간 감각의 문제가 있는 것이다.

읽기장애가 있는 아이를 열심히 훈련시켜 고학년이 되었을 때에는 제법 잘 읽을 수 있게 됐다고 치자. 그러나 독해 이해력에 문제가 생긴다. 10줄을 읽었는데도 7줄만 이해하는 식이다. 다 읽은 다음에 주요 줄거리를 이해하는지 이야기해 보면 아이의 문제점이 나타난다.

대부분의 부모님들이 4~5살 경에 한글을 가르쳐 보고 아이가 잘하면 계속시키고 못하면 내가 너무 일찍 욕심부렸나보다 한다. 하지만 반대로 생각해야 한다. 4~5살 때 읽기를 시켜서 읽기를 잘 못하거나, 도망가면 문제를 의심해 봐라. 하기 싫다는 것은 못한다는 것을 의미할 수도 있기 때문이다. 이런 시기의 읽기는 호기심에서 시작하는 것이기 때문에 지적 호기심을 만족시키기 위해 자발적 학습이 이루어지는 시기이다.

읽기장애 치료의 기본은 '각=ㄱ+ㅏ+ㄱ'이라는 원칙 즉, 하나하나가 모여 어떤 소리를 내는지 원리를 알려주는 것이다. 공부 시간을 아이에게 적절하게 조절해 20분 공부시킨다면 처음 10분은 잘하는 것을 하고 10분은 새로운 것을 학습한다. 칭찬은 7로 늘리고 혼내는 것은 3으로 줄여라. 공부가 즐거운 경험이 되어야 한다.

2. 쓰기장애

외국은 읽기장애가 흔한데 우리나라에서는 읽기장애 못지않게 쓰기장애도 많다. 쓰기장애는 받아쓰기 할 때 '구름을'을 '구르믈'이라고 쓰는 경우이다. 반복하고 충분히 가르쳤음에도 불구하고 계속 이렇게 쓴다면 문제가 될 수 있다.

또 띄어쓰기가 안 되는 아이도 있고, 구두점을 어디다 써야 하는지 모르는 아이도 있다. 보통 1~3학년 때 쓰기장애는 글자를 틀리게 쓰는 경우가 많지만 열심히 훈련시켜서 정확하게 쓰게 된다고 해도 6학년 아이에게 일기를 쓰라고 해 보면 작문이 안 된다. 복문, 중문, 기승전결의 문장이 안 되는 것이다.

만일 중·고등학생인데도 작문이 안 된다면 쓰기장애를 의심해 보는 것이 좋다. 말은 아주 유창하게 하는데 작문을 시키면 아주 단순한 문장만 구사한다면 일기 쓰는 훈련을 하는 것이 좋다. 말로 일기를 써 보고, 그다음 그것을 글로 옮겨 적는 것이다. 또 육하원칙을 사용해 말하고 쓰기를 훈련하는 것이 필요하다.

> **TIP**
>
> ### 학습장애·학습부진·학습지진
>
> 공부를 못하는 이유에는 앞서 살펴본 학습장애 외에도 학습부진과 학습지진이 원인이 된다. 이 둘을 구분하자면 학습부진은 가정 불화와 빈곤 등의 사회적·환경적 요인이나, 강박감·불안·우울 같은 정서적 요인으로 인해 자신의 지적 능력만큼 학습 성과를 올리지 못하는 것이다. 반면에, 학습지진은 정신지체나 경계성 지능 아이들이 여기에 속하는데 지능이 낮아 학습에 어려움을 느끼는 것이다. 학습부진은 문제 요인을 제거하면 정상적인 학업 성취도를 보이며, 학습지진은 지능이나 학습 속도에 맞는 특수 교육이 필요하다.

12 EBS 라디오 멘토 부모

중독되지 않으려면 시간 관리를 철저히 하라

유치원생인데 주말에 친가에 가면 12시간 이상 텔레비전을 봅니다. 중독이 아닐까요?

이럴 땐 이렇게

주말에만 그런 것이라면 그냥 두는 것이 좋겠다. 그리고 아이가 집에 왔을 때에는 집에서는 그렇게 할 수 없다는 것을 분명히 말해라. 집에서 규칙을 정해주는 것이다. 부모와의 갈등 없이 아이에게 시간이나, 장소에 따른 규칙이 정해질 수 있다.

또 하나 부모님이 TV를 몇 시간이나 보는지 살펴봐라. 습관처럼 TV를 켜거나 아빠는 TV를 보면서 아이에게는 공부하라고 한다면 아이가 따를 리가 없다. 우선 부모가 먼저 TV 시청 시간을 조절하는 것이 필요하다. 만일 너무 많은 시간 동안 텔레비전을 본다면 부모와 아이가 함께 어떤 프로그램만 보겠다고 미리 약속을 해라. 그리고 TV를 방으로 옮기고, 볼륨을 줄여라. 컴퓨터도 마찬가지다. 컴퓨터를 아이와 접촉하기 힘든 곳으로 위치를 이동하라.

애매한 중독과 습관의 경계

습관과 중독의 차이는 애매하다. 이를 구별하는 중독의 첫 번째 특징은 금단증상이다. 예를 들어 술을 안 먹었을 때 술에 대한 탐닉이 있거나, 컴퓨터 게임을 못해 짜증이 늘면 중독된 것이다. 두 번째는 내성이 있다는 점이다. 즉, 점점 양이 늘어난다. 셋째 이런 중독을 통해서 일상생활에 지장이 있는지 없는지에 따라 달라진다. 아이들이 게임을 하는 것 자체가 나쁜 것은 아니다. 일상생활에 얼마나 영향을 미치는지가 중요하다. 마지막 하나는 중독은 재미있다는 것이다. 재미가 있으므로 쉽게 빠져들어 헤어 나오기가 쉽지 않다.

고학년인데 컴퓨터를 너무 오래합니다. 그래서 방에 있던 컴퓨터를 거실로 옮겼는데 그래도 고쳐지지 않습니다. 폭력적인 게임에 푹 빠져 있는데, 컴퓨터 중독에서 벗어날 방법에는 뭐가 있을까요?

이럴 땐 이렇게

그만두게 했을 때 금단증상이 있는지, 계속 지나치게 게임을 찾는지, 내성이 있는지를 봐야 한다. 그리고 컴퓨터 하는 시간을 조절한다.

우선 아이와 약속을 해라. 매일 조금씩 하는 것보다 일정 기간 끊는 경험을 하게 하는 것이 중요하다. 주 5일 동안은 안 하다가 주말에만 하게 해라. 그리고 컴퓨터를 하던 시간에 다른 무엇을 할 것인가 미리 정해 놔라. 온라인을 끊어 놓았으니 오프라인에서 할 수 있는 것을 찾아봐라. 아이가 혼자 혹은 친구들과 어울려서 할 수 있는 규칙적인 운동을 만들어주는 것도 좋다.

컴퓨터 중독, 절대적인 시간만을 따질 것이 아니다

얼마만큼 하면 컴퓨터 중독이다, 라고 정의하긴 어렵다. 실제로 시간이 많지는 않아도 무슨 얘기만 하면 컴퓨터 얘기와 연결시키는 아이가 있다. 머릿속에 컴퓨터 생각만 하는 것이다. 이런 경우에는 조금씩 상황을 바꿔줘야 한다. 컴퓨터를 줄이고 더 재밌는 일을 해야 한다. 나쁜 행동을 줄이는 것보다 좋은 행동을 많이 늘리는 것이 원칙이다. 오프라인 활동이 없으면 안 된다. 몸을 움직이는 것, 꾸준히 할 수 있는 운동을 만들어라.

사실 가장 걱정될 때가 방학 때와 엄마들이 일하는 경우이다. 중독이 아니어도 습관이 될 수가 있다. 방학 동안 시간표를 짜게 하고, 시간 관리를 잘 해줘라. 시간표를 작성하고 확실히 지키게 해라. 아이들에게 약속은 쉽게 하는 것이 아니고, 한 번 하면 반드시 지켜야 한다는 것을 알려줘야 한다.

또 아이가 무엇을 좋아하는지 탐구해라. 이것은 아이의 진로로 이어질 수도 있다. 초등학교 때부터 잘 조절하는 것이 중요하다. 나이 들어서는 손 쓸 수 없는 경우도 꽤 있다는 것을 명심하자. 게임하는 시간을 정하자, 얼마로 정하는 것은 중요하지 않다. 그것을 지키는 것이 중요하다.

책에 중독되는 것도 나쁠까?

책 중독은 금단증상도 없고, 내성도 별로 없다. 하지만 밥 먹을 때도 책을 본다면 조절하는 것이 좋다.

13 사회성은 엄마에게 배운다

EBS 라디오 멘토 부모

아이가 5살 여아인데 친구와 일대일로 있을 때는 잘 놉니다. 하지만 애들이 많이 있는 곳으로 가면 계속 겉돌아요. 분위기만 살피고 소심해서 말도 못합니다. 혼자 있을 때에는 손을 빨기도 합니다. 한두 시간 뒤에 친구들과 좀 어울리는 같아서 보면 아이들을 야단치고 있고, 그러면 친구들이 우리 아이와 안 놀려고 해요. 동생에게도 선생님이 아이들 혼내는 것처럼 하고, 무슨 일이든 자기주장과 고집대로 하려고 합니다. 친구들에게도 이렇게 행동하고요. 또 잘 우는 편인데 고쳐줄 방법이 없을까요?

이럴 땐 이렇게

엄마랑 있는 시간은 양보다 질이다. 일하는 엄마라 하더라도 엄마가 퇴근 후 한두 시간 열심히 놀아주면 하루 종일 함께 있는 부모만큼 아이가 사랑과 관심을 느끼게 된다. 위의 아이 같은 경우에도 엄마랑 노는 시간을 늘려 보는 것이 좋다.

사회성은 엄마에게 배운다. 사회적 기술을 가르쳐줄 때는 감정을 싣지 말고 아이에게 객관적으로 사실을 전달해라. "넌 왜 그렇게 하니?"라는 식이 아니라 "네가 이렇게 하면 그 아이가 이렇게 느낄 것 같은데"라고 말하는 것이다. 상대방의 마음을 읽는 능력은 상당히 어렵다. 가르치는 것만으로는 안 되는 능력이다. 마음을 읽어주는 것이 중요하고 놀 때는 그냥 웃으면서 놀아라.

아이가 초조한 마음이 들면 손을 빠는 행동이 심해지는 경우가 있다. 이는 다른 자극이 없다는 것이다. 나쁜 습관을 없애려면 좋은 습관을 늘려줘라.

사회 기술, 뇌의 기능에 좌우된다

학교생활을 잘한다고 하면 공부 잘하고, 아이들과 잘 지내는 두 가지를 모두 말하는 것이다. 따라서 학습 못지않게 중요한 게 사회성이다. 지금은 국영수가 굉장히 중요한 것 같지만, 성인이 되어서 가장 중요한 것은 성적이 아니라 사회성이다. 사회성은 배워서만 되는 것이 아니다. 기질적으로 혼자 있는 것을 좋아하는 아이가 있고, 유치원 때부터 사회성이 출중한 아이도 있다.

친구 관계에서의 눈치와(사회적 감각), 눈치를 채고 난 뒤에 어떻게 반응하고 행동해야 하는지에 대한 기술(사회 기술). 이것이 사회성 뇌의 중요한 기능이다. 보통 사회성 뇌가 따로 있다고 한다. 이는 전두엽하고 밀접한 관계가 있다. 물론 후천적으로 적절한 사회 자극이 있어야 한다. 타잔이 정상정인 뇌를 갖고 태어나도, 사회적으로 인간과 접촉이 없다면 사람하고 관계를 맺을 수 있는 기술이 발달될 수 없다. 선천적인 눈치, 사회 기술이 적절해야 하고 엄마나 주위 사람들하고 충분한 사회적 경험을 한다는 조건이 갖추어져야 한다.

혼자 노는 아이

요즘 들어서 혼자 노는 아이가 많아졌다. 이를 외동이 많아진 것만 가지고 설명하기엔 부족한 면이 많다. 형제가 없어 집에서의 질서 지키기 등이 차이가 난다고 해도 학교에 들어가서 배우게 되므로 일반적 사회성이 외동이라서 꼭 떨어진다고 보기는 어렵다. 어떤 아이는 초등학교 때 4번 정도 전학을 해도 갈 때마다 친구들을 잘 사귄다. 한편 한 학교에 6년 동안 꼬박 다녀도 친구가 별로 없는 아이들이 있다. 이것이 사회성의 기술이다. 이것이 극단적로 떨어지는 경우가 자폐증이다.

또래집단과의 교류

또래집단과 어울리는 법을 모르는 아이를 자꾸 또래집단과 어울리게 하면 사회성이 좋아질까? 또래집단과 어울리는 기회는 물론 있어야 한다. 하지만 사회 기술이 부족한 아이들에게 경험만 많이 시키면 문제가 생긴다. 무조건 친구랑 어울리게 한다고 해서 좋은 것이 아니다. 기본적으로 사회성이 없는 아이가 또래와 계속 어울리기만 한다면 그 경험이 좌절을 반복시켜 악순환을 일으킬 수 있다.

> 7살 여자아이인데 평소 별 문제없이 잘 지내지만 친구들하고 놀다 보면 살짝 빠져나와서 개인 행동을 계속 반복합니다. 친구들을 집으로 불러오면 친구들에게 가라고 합니다. 친구가 세 명이 되면서부터는 안 놀게 되는 아이가 생기기 시작했습니다. 아이들과 더 잘 어울려 놀 수 있도록 하려면 어떻게 해야 할까요?

이럴 땐 이렇게

적은 수의 아이들과는 문제가 없지만 아이들이 많아지면 놀지 못하는 경우에는 사회성 기술의 부족으로 볼 수 있다. 혼자 놀이를 할 때도 아이들 눈치를 보는데(정상적인 눈치), 3명의 눈치를 동시에 봐야 하기 때문에 어려워하는 것이다. 이럴 때는 엄마하고 놀이 경험을 많이 해라. 아이들 놀이는 좌절을 통해서 배우는 것이다. 뭐든지 내 맘대로 이루어지면 성장이 안 된다. 타협하는 기술이 부족해진다. 적절한 주장, 타협하는 방법을 놀이를 하면서 배울 수 있게 하라.

놀이는 굉장히 중요한 사회성 기술이다. 엄마와 놀 때 아무런 이상이 없으면 근본적 이상은 없다고 생각할 수 있다. 자기주장만 하고 자기 패턴대로 놀려고 하면, 이와 비슷한 성향의 아이들과 친구가 되기 힘들다. 자기절제 훈련도 하고 이게 잘 되면 엄마가 같이 기뻐해 준다.

내성적인 성격 VS 외향적인 성격

내성적이라는 것의 올바른 정의는 가치를 자기 안에서 찾는 것이다. 외향적 성격은 어떤 관계에서 외부적인 칭찬, 인정으로 자기 가치를 찾아내는 사람이다. 궁극적으로 내성적, 외향적 성격은 옳고 그른 게 아니라 다른 것이다. 문제가 있는 경우는 친구를 사귀고 싶은데 못 사귀거나, 사귀고 싶은 맘 자체가 없는 아이일 경우이다. 요즘은 은둔형 외톨이가 많아졌는데, 이는 컴퓨터의 영향이 큰 것으로 보인다.

아스퍼거증후군

아스퍼거증후군의 경우에는 언어와 지능이 정상이거나, 정상에 가깝다. 그렇기 때문에 자폐와는 구분이 된다. 사람에게 관심이 없고, 공감하는 능력이 없다. 사실 친구들을 사귀는 것은 계획하거나 따로 배우지 않아도 어떤 시기가 되면 저절로 개발된다. 그런데 아스퍼거증후군 아이들은 상대방에 대해 관심이 없고, 관심이 있어도 자기중심적인 관심을 갖는다. 자기중심적 관심은 상대방의 마음을 읽지 못한다. '레인맨'이 아스퍼거증후군의 대표적인 예라고 할 수 있다.

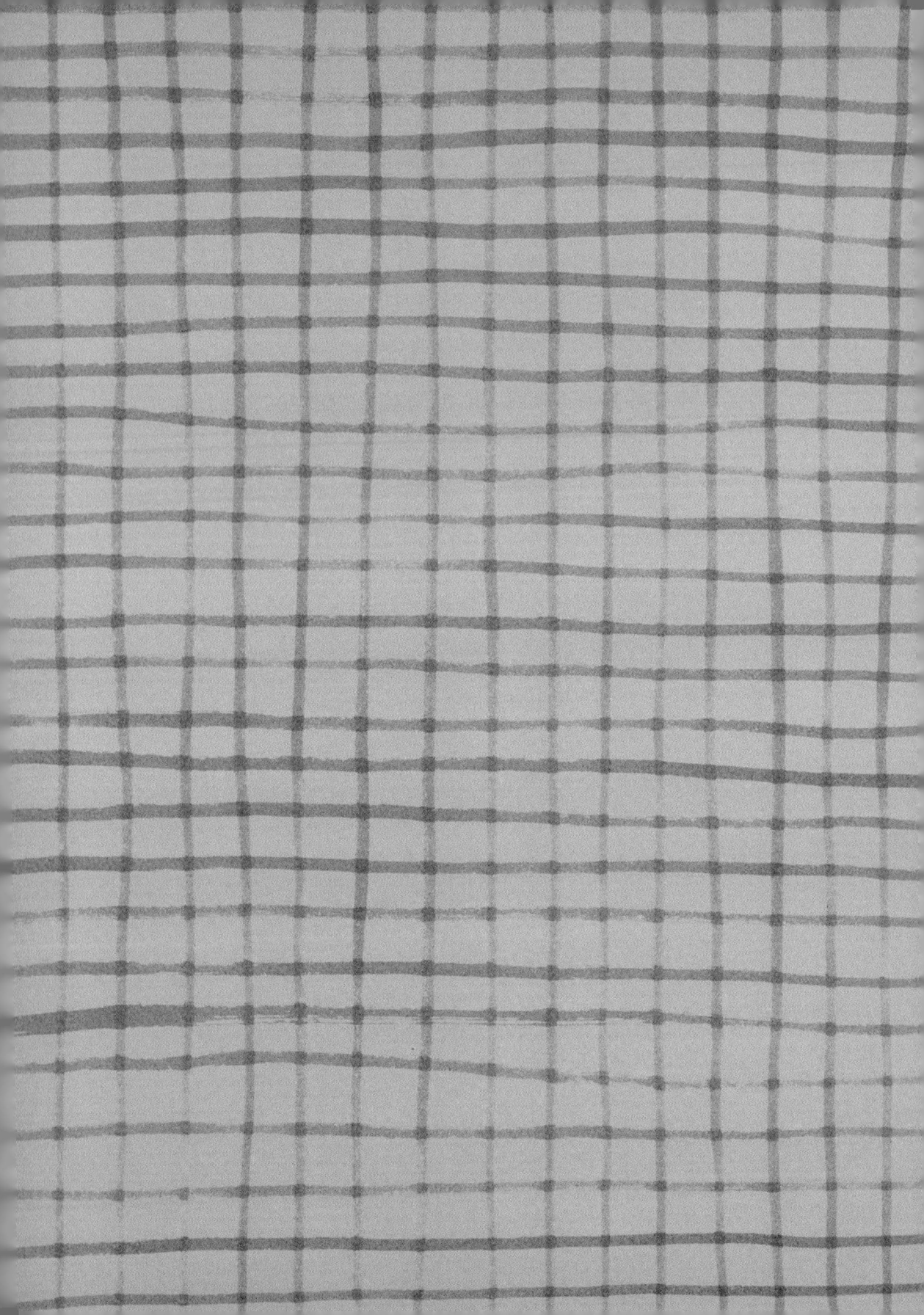

4장

EBS 라디오 멘토 **부모**

가정 화목의 첫걸음 부부 문제,
서로의 차이를 인정한다

01 EBS 라디오 멘토 부모

아이 문제는 부부 간의 노선 통일이 시작이다

저한테는 초등학교 6학년과 5학년인 연년생 아이들이 있습니다. 학원을 보내 봤지만 별 효과를 보지 못해 현재는 두 아이들이 집에서 공부를 하고 있는데요. 지난 기말고사 때 큰아이가 수학을 어려워하기에 나보다 공부를 더 한 신랑한테 도움을 요청했더니 무협지를 읽다가 와서는 한 10분 고민하더니 "내일 담임선생님한테 물어봐" 하더라고요. 결국 저 혼자 2시간이나 끙끙대고서 그 문제 규칙을 알아냈습니다.

신랑이 좀 적극적으로 아이들 교육에 참여했으면 좋겠어요. 주말이면 거실에 책상 펴고 저랑 두 아이는 공부를 하고 신랑은 안방에서 TV 예능 프로그램을 봅니다. 피곤해서 주말에 쉬고 싶은 건 알지만

아이 교육에 관심이 부족한 것 같은데 이럴 때 기분 상하지 않게 제 감정을 전달하는 방법 없을까요?

이럴 땐 이렇게

초등학교 5~6학년쯤 되면 이미 부모가 그 내용을 다 알고 가르칠 수 있는 단계가 아니다. 어른 세대의 5~6학년 때와는 달리 배우는 내용이 많고 수준이 높아져서 부모가 다 알고 가르치기가 쉽지 않다. 아이들에게 내용을 다 가르치려고 하는 시도는 내려놓을 필요가 있다.

또 부모가 계속 자꾸 가르쳐주다 보면 아이는 자기 공부가 안 된다. 그래서 초등학교 때까진 그런 대로 버틸 수 있지만, 중·고등학생 때 성적이 급격히 낮아진다. 중·고등학교에서도 공부 잘하는 아이를 조사하면 두 가지 공통점이 있다. 하나는 기초가 제대로 다져져 있고, 다른 하나는 스스로 공부하는 아이라는 점이다. 위의 경우도 부모가 아이에게 다 알고서 가르치려 하지 말고 스스로 공부하는 습관을 붙여주는 것이 좋다. 예를 들어 책상에 앉는 습관 들이기, 무언가 과제를 맡았을 때 스스로 문제의 답을 찾아내려고 노력하는 습관 들이기 등이 있다. 아이 스스로 문제의 답을 찾아내려고 할 때는 부모가 접근법 등을 도와줄 수는 있다.

직접적인 습관 외에도 공부할 수 있는 환경이나 분위기를 조성해주는 방법도 있다. 소음을 줄이거나 학습 환경에 맞게 조명을 밝게 조절한다든지 컴퓨터나 휴대폰, 장난감 등 학습에 방해되는 물건을 치우는 방법이 있다. 또 평소에 엄마 아빠가 공부하는 모습을 자주 보여주는 것도 좋다.

그렇게 보면 사례의 엄마는 같이 공부하는 건 잘하고 있다. 신랑이 TV 예능 프로그램을 보는 것이 마음에 들지 않는다면 프로그램의 시간을 피해서 시간 조정을 하는 것이 하나의 지혜가 되겠다.

그런데 공부를 더 한 신랑한테 요청을 한다고 했는데, 자신이 학력에 대한 열등감이나 자격지심이 있는지 되돌아보고, 그 열등감을 새로운 것을 배우는 데 열심인 태도로 전환시키면 좋겠다. 남편도 담임선생님에게 물어보라고 한 걸 보면 남편 역시 쉽게 가르칠 수 있는 내용이 아니었을 수도 있다. 그리고 과제를 해결하기 위해 끙끙대야 할 사람은 아이인데 엄마가 대신하는 건 바람직하지 않다. 다시 한 번 말하지만 스스로 학습하는, 즉 자기주도적인 습관을 아이에게 들여줘야 한다는 것을 명심하자.

신랑이 적극 참여했으면 좋겠다고 하는데, 남편한테 그렇게 말하면 말귀를 못 알아듣는다. 남편이 어떻게 하면 좋을지 구체적으로 말하자. 공부할 때는 예능 프로그램을 안 보거나 보더라도 소리를 작게 하든지 이어폰을 사용하라고 한다. 남편에게 "그 시간만이라도 방해가 안 됐으면 좋겠어요"라든지, "당신 시간 날 때 일주일에 30분이라도 도와주었으면 해요" 하는 식으로 구체적으로 요청하자.

마지막으로, 부모 역할에 대한 대화를 통해 부부간의 노선을 통일할 필요가 있다. 무엇보다 아이 스스로 공부를 하게끔 하는 것이 중요하다.

하루 30분 부부 대화 시간 갖기

행복한 부부의 필수 조건은 대화가 많아야 한다는 것이다. 양적으로 많은 것뿐 아니라 규칙적으로 대화하는 것이 중요하다. 서로의 갈등들이 대화 중에 잘게 쪼개지면서 완화되는 효과가 있으니 하루에 단 30분이라도, 안 되면 단 10분만이라도 규칙적인 부부 대화를 하도록 하자. 하루도 빼놓지 않고 하는 누적의 힘이 대단한 것이다. "규칙적으로는 안 해도 우리가 대화하고 사는 것 아냐?"라고들 하지만 들여다보면 제대로 이뤄지지 않는 경우가 많다.

갈등이 있을 때 대화를 한다는 것이 참으로 어려운 일이다. '말을 어떻게 걸지?', '괜히 말 꺼내서 싸움이 되면 어떡하나? 참을까?' 이렇게 생각하는데, 늘 대화에 창구가 있다는 것을 명심하자. 그때 내가 얘기를 할 수 있다는 것이 스트레스가 자라지 않도록 하는 가장 좋은 방법이라고 할 수 있다.

하루하루 꾸준히 쌓인 대화들이 두 사람의 이야기를 만들고 대화 습관이 된다. 지금부터 하루 30분만이라도 두 사람이 얼굴을 마주 보고 대화하는 시간을 갖자.

02 EBS 라디오 멘토 부모

별거 후 성급하게 합치는 것이 능사가 아니다

저는 올해 결혼 15년 차입니다. 아내가 아이들과 함께 친정으로 가 별거한 지 만 6년 됐습니다. 결혼해서 9년 만에 별거가 시작된 건데요. 별거 당시 제가 실직한 지 2개월째였습니다.

지금 생각해 보면 당시 아내의 스트레스와 저의 스트레스가 쌓일 대로 쌓였었나 봅니다. 별거 전날 아내가 친구와 전화 통화를 1시간 가량하기에 전화세 많이 나온다고 끊게 한 것이 도화선이 돼 다투고 다음 날 별거가 시작됐습니다.

별거 당시 6살이던 큰아이, 2살이던 둘째 딸아이가 현재는 큰아이가 12살, 둘째아이는 9살이 되었습니다. 아이들에게도 불행을 안겨준 제자신이 항상 원망스럽고 후회가 됩니다. 그렇다고 해결되지도 않

고요, 어떻게 해야 할까요?

이럴 땐 이렇게

먼저 이 부부는 별거를 6년 정도 하면서 아내와 전혀 교류가 없었는지, 자녀와의 만남도 전혀 없었는지 확인이 필요하다. 또한 왜 지금 와서 다시 이렇게 서로 만나려고, 결합하려고 하는지, 그동안 어떤 시도를 해 봤으며 어떤 노력을 해왔는지, 어떤 방법이 효과가 있었고, 어떤 방법이 효과가 없었는지에 대해서도 살펴봐야 하고 재결합에 대한 양가의 부모 의견은 어떤지도 우선 살펴야 한다. 그동안 경제적인 문제는 어떻게 해결했는지, 떨어져 있었지만 남편과 아빠로서의 의무는 다했는지, 별거 당시에는 실직했지만 현재는 취직이 됐는지도 궁금하다.

성급하게 합치는 것만이 능사는 아니다. 서로 뜻이 맞아야 합칠 수 있는 것이다. 사과할 일이 있으면 먼저 사과부터 하는 것이 좋다. 아내가 혹시 안 만나려고 하거나 연락조차 안 받는다면, 머물고 있는 친정 주소는 알고 있을 테니 친정으로 길게 편지를 쓴다든지, 테이프에 녹음을 해서 사연을 보내는 식으로 마음을 전하는 게 좋다.

진심으로 내가 뭘 사과하는지를 전달하자. 별거할 때와 바뀐 게 없으면 합치고 싶어 하지 않을 테니 자신이 어떻게 변했는지, 앞으로 얼마나 잘 하려고 하는지 각오를 표현해줘야 한다. 아내 입장에서는 그럴 만한 이점이 있어야 합칠 마음이 생기는 것이다.

아내에게 다른 사람이 생겼을 수도 있으므로 아내의 상황도 중요하고, 아이들의 의견도 중요하므로 모두 고려해서 적절한 방법을 찾아야 한다. 다시 말하지만 합치려고만 해서는 능사가 아니며, 이 상태가 고착되지 않도록 하는 노력이 중요하다.

스트레스를 적시에 대처하지 못하면 관계가 악화된다. 스트레스는 그때그때 잘 대처하지 못하면 가정을 파괴하는 큰 원인이 된다. 이 부부의 경우에도 서로의 스트레스가 심해 배우자의 스트레스를 알아주고 위로해주지 못한 것이 별거의 원인이 되었다. 가족의 기능 중에 하나가 가족구성원이 밖에서 일과 그 밖의 활동에서 받은 스트레스를 풀고, 집에서 충분히 휴식하고, 재충전하게 하는 것이다.

그러나 가족 모두가 지나친 스트레스를 느낀다면 그 누구도 다른 사람의 스트레스에 대해 정서적인 지원을 하기가 어렵게 된다. 또한 이는 배우자에 대한 실망으로 이어져 더욱 관계를 악화시키게 된다. 갈등은 작은 실망에서 시작된다. 기대가 좌절되거나 또는 자신의 기본 욕구가 위협 당했을 때 스트레스를 느끼게 되며, 일차적인 반응은 말다툼이 오고 가지만, 다음 단계로는 서로 대화가 없어진다. 그러면서 멀어지면 위의 예처럼 원치 않는 별거나 이혼으로 이어지는 경우도 있다.

어떤 스트레스가 쌓이거나 위기에 닥쳤을 때 대처할 수 있는 자원으로 뭐가 있는지 생각해 보자. 돈, 화목한 부부 관계, 의사소통이 잘 되는 것, 또는 포기하지 않고 끝까지 하겠다는 열의 같은 것이 있다. 경우에 따라 대가족이 그런 역할을 할 수도 있다. 우리 부부는 어떤 자원을 가지고 있는지 생각해 보고 잘 활용하자.

미안해, 고마워, 사랑해!

배우자에게 가장 듣고 싶은 말, 가장 해주고 싶은 말이지만 쉽게 나오지 않는 말. 바로 "미안해, 고마워, 사랑해!" 이 세 마디일 것이다. 쑥스럽고 힘들더라도 하루에 한 번씩 이 말을 하는 습관을 들이도록 하자. 말은 자꾸 하다 보면 그 말처럼 되는 힘을 가지고 있다. 마음에는 있지만 하지 못했던 말, 입으로 내뱉는 것이 힘들다면 처음에는 휴대폰 문자로 시작해 보는 것도 좋겠다.

03 EBS 라디오 멘토부모

부부가 한 팀이 되어 효도를 해야 한다

2~3개월 된 딸아이가 있고, 직장에 다니고 있는 32살 직장맘이에요. 신랑에 대한 실망과 기대, 분노 때문에 너무 지칩니다. 신랑이 저랑 왜 결혼했는지 모르겠어요. 이런 효자가 있을 수 있나 싶을 정도인데, 그 뒤에 있는 전 너무 버겁습니다.

매일매일 어머니랑 통화할 땐 정말 말투가 확 달라집니다. 매일 통화하고 매주 시댁에 갑니다. 그러더니 이젠 저랑 상의도 없이 시댁 식구들과 얘기를 거의 다 끝내 놓고 통보하듯 시댁에 들어가서 살자고 합니다. 어머님이 거동이 불편한 정도는 아니지만 2년 전부터 약을 드시고 있습니다. 신랑을 비롯한 시누들 모두 어머님께 전적으로 집중되어 있습니다.

저도 도리를 모르는 사람은 아닙니다. 저도 잘 하고 싶지만 신랑 때문에 그런 마음이 자꾸 작아집니다. 신랑하고 대화로 풀어 보려고도 많이 시도했습니다. 하지만 대화가 시작은 잘해도 꼭 마무리는 싸움으로 끝납니다.

어젠 사소한 일로 이혼 얘기까지 나왔습니다. 본인이 왜 저의 눈치를 보면서 살아야 하는지 모르겠다고 합니다. 소원한 관계가 계속되면서 3개월 이상 부부관계도 없는 상태입니다. 전 절 좀 위로해주고 제 마음만이라도 알아줬으면 좋겠는데 남편의 태도는 시종일관 똑같습니다. 정말 이혼하고 싶지만 요새 더 예쁜 짓을 많이 하는 딸 때문에 쉽게 결정을 못 하겠습니다. 하지만 신랑은 변할 거 같지 않네요. 제가 어떻게 행동을 하면 좋을까요?

이럴 땐 이렇게

아내는 남편에게 서운한 마음을 전달해야 한다. 그리고 남편이 아내에게 시부모님에 대한 이야기를 속 시원히 못 하는 이유에 대해서도 물어볼 필요가 있다. 서로 비난하거나 평가하지 않고, 하고 싶은 이야기를 효과적으로 전달하는 것이 모든 갈등 해결의 시작이다. 만약 대화가 두 사람의 힘으로 잘 이루어지지 않을 것 같다면 부부상담소를 찾는 것도 하나의 방법이다.

어떻게 보면 남편의 행동이 장점일 수 있다. 이를 부인이 인정하고 수용하는 게 좋다. 그러되 본인에게 남편이 하라고 하는 일 중 안 되는 일에는 선을 명확히 긋자. 할 수 있는 것과 없는 것을 분명히 표현하는 것이 좋다.

진짜 남편이 이혼하고 싶어 하는지도 알아보자. 남편이 단지 아내 눈치 보는 것 때문에 화가 나서 그런 것인지 제대로 대화를 나눠 보는 것이 좋겠다. '사실 내가 나쁜 짓 하는 것도 아닌데' 하며 남편도 아내의 심정을 이해 못할 수 있으므로 남편의 긍정적인 면은 인정하고 칭찬해주자. 집에 잘 한다고 말하되 단, 시댁에 관련된 일을 결정할 때는 상의를 해야 한다고 선을 그어주는 것이 중요하다.

그리고 남편이 변할 것 같지 않다고 하는데, 남편 변화시키기에 너무 노력하지 말고, 남편이 하는 행동과 말에 대해서 내가 어떻게 반응하고 대응할 것인가를 먼저 생각하라. 남편은 조금도 안 변할지 모르지만 남편과의 관계는 바뀐다. 즉, 남편을 자꾸 비난하지 말고 인정할 것은 인정하고 칭찬해주면 남편의 태도가 바뀐다는 말이다. 남편을 바꾸려 하지 말고 내 반응과 태도를 지혜롭게 바꾸자.

시댁과의 갈등은 익숙한 테마이다. 부부가 결혼하면 배우자에게 가장 가까운 사람은 바로 자신이었으면 한다. 그런데 아직도 남편이 자신의 부모나 형제를 더 가깝게 생각하면 아내는 매우 서운해 한다. 남편은 효도 의무와 아내에 대한 사랑 사이에서 번민하고 갈등한다. 양쪽 다 중요한데 만약 둘 중의 하나를 택하라고 하면 매우 난감할 것이다.

우선 바로 답을 주자면 배우자가 먼저이다. 결혼을 했다면 가장 가까운 사람은 배우자이어야 한다. 아들에게 가장 가까운 사람이 며느리임을 수용하지 못하는 부모님은 부모님의 부부 사이가 좋지 않은 경우가 적지 않다. 부모님의 부부 사이가 좋은 경우에는 아들이 또는 딸이 결혼했을 때 새로운 가정의 탄생을 진심으로 축복하며 그들이 독립할 수 있도록 도와준다. 신혼부부가 새로운 가정을 설계하고 하나하나 가족 발달과업을 해결해 나갈 수 있는 것이 가장 건강한 구조이다.

부모가 결혼한 자녀에게 지나치게 친밀감을 요구하거나 또는 자녀의 부부 사이를 질투하는 것은 부적절하다. 그러나 우리는 유교적 가치관에서 살아왔기 때문에 효도나 부모의 부적절한 요구를 거부할 용기도 생각도 갖지 못한다. 그러나 효를 거부하면서 부부 사이의 행복을 추구하라는 이야기는 아니다. 단, 효도를 하되 부부가 한 팀이 되어서 효도를 해야 한다는 것이다. 함께 의논하여 부모님 선물도 하고, 건강도 챙겨드리고, 시누이를 도와주기도 해야 한다.

아내 모르게 또는 남편 모르게 하는 효도는 좋은 행위임에도 불구하고 갈등과 죄책감을 낳게 한다. 인간은 모두 부모를 사랑하고 남을 도우려는 선한 마음이 있기 때문에 자존감을 위협하지 않는 이상 시부모에 대한 효를 거부할 사람은 없을 것이다. 부부가 함께하는 효도가 되도록 노력해야 한다.

아무리 부모자식지간이지만, 결혼하고 한 가정을 이루면 적당한 거리가 필요하다. 너무 밀착된 관계는 건강한 관계가 아니다. 가족마다 적당하고 아름다운 거리를 유지해야 한다. 이 거리는 정답이 있는 것이 아니다. 가족마다 차이가 있으니 이를 잘 조정해 나가야 한다.

행복한 부부 생활의 비법

행복한 부부 생활의 비법으로 누구나 할 수 있는 질문이 있다.
'내가 배우자와 연애를 했을 때, 마냥 그렇게 좋았을 때, 그 시절이었더라도 내가 이렇게 할까?' 이런 생각을 하면 금방 달라진다. 그때와 똑같이 못 하더라도 그 시절만 떠올려 봐도 자신의 행동을 되돌아볼 수 있는 계기가 될 것이다.
상대방을 미워하는 데 에너지를 쓰는 것은 나도 힘들고 상대방도 힘들다. 그 에너지를 조금만 바꿔서 그 사람의 좋은 점, 장점을 찾는 데 써 보자. 기왕이면 남편, 아내, 아이들의 장점을 열 가지씩 찾아서 써 보는 것도 좋겠다. 내가 상대방의 어떤 점을 좋아했었는지 생각하다 보면 산처럼 크게 보였던 상대의 결점이 조금은 작아 보일 수 있다.
예를 들면 남편이 술에 취해 밤 12시쯤 들어와서 라면을 끓여달라고 했을 때 "몇 시인데 라면 타령이에요" 하고 핀잔을 준 상황이라고 가정해 보자. 신혼 때나 연애할 때 남편의 이 같은 요구에는 어떻게 대했을까 되돌아보자. 반대로 아내가 무거운 장바구니를 들고 낑낑대며 현관으로 들어오고 있다. 신혼 때나 연애할 때도 TV만 보고 있었을까? 함께 들어주거나 애초에 장을 보러 마트에 같이 갔을 것이다. 좋았던 시절과 현재를 비교해 생각해 자신의 태도를 바꾸면 부부 관계도 바뀔 것이다.

04 EBS 라디오 멘토 부모

부부는 서로의 다름을 끊임없이 이해해야 한다

결혼 10년 차인데, 우리 아내는 집 안 정리가 너무 안 됩니다. 아내가 집을 비울 때 제가 재활용 쓰레기나 냉장고에 오래된 음식을 몇 번 버리고 다툰 이후로, 더 이상 손을 대지 않고 있는데요, 집에만 들어오면 너무 답답해요. 본인도 알고는 있는데 개선이 되질 않습니다. 어떻게 해야 할까요?

이럴 땐 이렇게

상대방을 변화시키고 싶다면 배우자의 자존감을 올려주면서 가족 규칙을 함께 정하는 것이 매우 중요하다. 그리고 부부의 공정성 또는 공평성은 반드시 지켜져야 하기 때문에 내가 상대에게 원하는 것이 있으면 상대가 나한테 원하는 것은 어떤 것이 있는지도 물어봐야 한다. 배우자 역시 나의 성격이나 생활습관 중에 맘에 안드는 것이 있을 수 있기 때문이다.

부부는 서로 다르다. 이 다름이 조화가 되려면 서로의 특징을 인정하고, 각 특징이 가지고 있는 장점이 상승되도록 함께 모색해야 한다. 이때 중요한 것은 역시 대화이다.

위 사례처럼, 아내가 집을 비웠을 때 재활용 쓰레기나 냉장고의 오래된 음식을 버리는 것은 아내 입장에서 자기 영역을 침범 당했다고 느낄 수 있다. 이에 대해서는 남편이 아내에게 사과할 수 있다. 그리고 부인이 무엇을 해야 하고 얼마나 해야 올바른지에 대해 정답이 있는 건 아니다. 이 경우는 남편이 많이 깔끔한 듯하고, 여자는 정리정돈을 잘 못하는 상황이다. 그렇지만 '여자가 되어가지고' 라며 몰아붙이면 아내에겐 스트레스가 될 수 있다. 그 기준을 낮춰 보자. 내 마음에 쏙 안 들지만 조금 어질러져 있어도 봐줄 수 있도록 말이다. 그리고 옛 사고방식처럼 남자 일, 여자 일 나누지 말아야 한다. 아내와 남편만 집안일로 싸우지 말고 아이들도 집안일 분담에 참여할 수 있게 하자. 유치원, 초등학생 나이에 맡길 수 있는 일이 있다. 식사 준비 시 수저와 젓가락 놓기, 샤워 후 뒷정리하기, 화장실 휴지 채워 넣기, 빨래거리는 빨래통에 잘 넣기 등은 아이들에게도 분담시키자. 남자 일, 여자 일을 나누지 말고 서로 각자의 적성, 소질, 능력, 취향에 맞게 나누도록 하자. 다림질을 남자가 잘하면 남자가 하고, 여자가 설거지를 잘하면 설거지를 맡는 식으로 분담표를 만들어 나눠서 하면 좋겠다.

다름을 인정하고 장점을 발휘할 수 있게 서로 도와야 한다.

부부의 성격은 아이러니하게 비슷한 것보다 다른 면이 더 많다. 꼼꼼한 사람과 덜렁거리는 사람, 내향적인 사람과 외향적인 사람, 깔끔한 사람과 정리정돈 못하는 사람 등등 서로 다른 성격의 사람들이 부부가 되는 경우는 참 많다. 그런데 처음에는 정반대의 성격이 매력으로 느껴지다가도 결혼해 살 때는 다른 성격 때문에 스트레스를 받게 된다.

다른 부분을 비난하고 바꾸려 할 것이 아니라 서로 각자의 장점을 발휘할 수 있도록 돕는 것이 부부의 지혜라고 볼 수 있다. 배우자는 나와 다르다는 것을 수용하는 정도에 따라서 부부의 행동은 달라진다는 것을 잊지 말고, 서로의 다름을 끊임없이 수용하도록 하자. 내가 옳고 배우자는 틀렸다는 식으로 비난을 하게 되면 배우자는 이를 따라줄 수 없다.

배우자를 바꾸려고 하지 말고 있는 그대로 존중하자. 부부로 만나 살면서 십 수 년이 지나도 안 바뀌는 것이 있다. 성격, 성품, 기질은 잘 안 바뀐다. 그런 건 바꿀 필요도 없다. 바꾸려 해도 안 되는 것에 에너지 낭비하지 말고 있는 그대로를 존중하자.

부부 싸움 십계명

부부 싸움, 잘 하는 게 중요하다. 생산적으로, 그리고 건설적으로 싸우는 게 중요하다. 싸우는 것이 반드시 나쁜 것은 아니다. 오히려 회피하고, '애들 결혼만 시켜 봐, 두고 보자' 이렇게 벼르는 것이 더 안 좋다. 생산적으로 잘 싸우면 상대를 이해하는 기회가 된다. 싸우면서 상대가 서운한 부분을 알 수 있는 것이다. 싸움 도중 "당신이 싫다면 안 할게"라며 문제 해결도 할 수 있다.

이런 식으로 싸우지 않고 감정과 감정이 부닥치고 인격적 모독과 경멸이 난무하다 보면 사건사고가 난다. 손목을 그어 자해하거나 아파트 투신 자살, 가스 밸브를 열어 폭발시킨다든지 불을 지른다든지 하는 사고들이 그 예이다. 이는 감정과 감정의 대립에서 생긴 끔찍한 결과다. 감정적으로 싸우지 말고 부부가 최소한 이것만큼은 지키자는 규칙을 만들어 보자.

부부 싸움 십계명
1. 때리지 말고, 부수지 말고, 집 나가지 말자.
2. 아이들 앞에서 싸우지 말자.
3. 문제가 된 것만 얘기하고 지난 얘기는 들추지 말자.
4. 브레이크를 하나씩 준비하자(걷잡을 수 없이 감정이 격해져서 싸우게 되는 경우 한쪽이 타임아웃이나 가벼운 장난을 건다든지 잠시 자리를 피하는 행동을 하는 것).
5. 인격적 모독을 하지 말자.
6. 복수하지 말자.
7. 싸워도 잠자리는 함께하자.
8. 이혼을 들먹거리지 말자.
9. 제3자를 끌어들이지 말자.
10. 먼저 화해하자.

05 EBS 라디오 멘토 부모

부부갈등은 피하면 피할수록 깊어진다

저희 남편은 경제적으로 힘든 상황인데도 자기가 타오는 월급만으로 걱정을 놔버립니다. 제가 수입이 있다는 것에 기대는 것 같기도 한데, 제 상황이나 힘겨움 등을 염두에 두지 않습니다. 도와달라고 해도 자기가 남는 시간은 자기 술자리에 허비해버리고요.
무엇보다 남편이 술자리를 너무 좋아합니다. 잔소리하지 않으면 매일이라도 마시려고 해요. 저는 아버지가 술을 많이 드셨던지라 남편이 술을 마시는 것에 심한 거부감이 있습니다. 게다가 도움을 주지 않는 것이 겹쳐서 하루가 멀다 하고 싸우다시피 했습니다. 타인은 지나치게 배려하면서 제가 일하고 아이 돌보고 하는 힘든 상황은 당연하다고 생각합니다. 힘들다고 생각지도 않고요.

이럴 땐 이렇게

이 문제를 해결하기 위해서는 우선 아내가 남편에게 자신이 느끼는 두려움과 불안에 대해 자세하게 이야기해야 한다. 그리고 남편의 절주나 생활태도에 대한 소망을 표현하도록 한다. 아내가 지나치게 스트레스에 눌려 있을수록 남편에 대한 이야기가 긍정적으로 나오기 어렵다. 오히려 감정에 치우친 비난으로 쏟아지기 쉽다. 이렇게 되면 남편이 아내의 마음을 알아주기가 어렵게 된다. 오히려 방어적으로 아내를 비난하거나 자신의 행동에 대한 합리화를 하게 된다. 남편의 변화는 아내의 어떤 강압적인 태도로도 고쳐질 수 없다. 단, 아내가 남편을 인정하고 존중해주면 남편은 더 좋은 남편, 좋은 아버지가 되고 싶은 욕구를 느낄 것이다.

아내는 남편이 좋아하는 술을 못 마시게 하는 게 목표는 아닐 것이다. 내가 싫어하는 행동을 하지 않았으면 하는 건데, 이를 위해서 몇 가지 원칙을 약속하게 하자. 음주운전 안 하기, 밤 12시 안으로는 들어오기, 주 몇 회 이상 술 안 마시기, 술값으로 얼마 이상 쓰지 않기 등이 그 예이다. 못 마시게 하지는 말고 이런 원칙을 지키도록 하는 것이 좋다.

그리고 왜 남편이 술을 마시는지 잘 들여다보자. 진짜 술을 좋아하는 건지, 친구들과 어울리는 분위기를 좋아하는 건지, 또는 집에서 충족되지 않은 그 무엇인가를 밖에서 구하는 것인지, 이런 점들을 잘 들여다보자. 또 눈에 보이는 갈등과 눈에 보이지 않는 갈등에 모두 주시해야 한다.

아내는 이미 성장 과정에서 아버지의 음주로 인해 많은 상처가 있었다. 친정아버님이 술을 많이 드시면서 가족 부양에 소홀하셨을 수도 있다. 그래서 술과 관련된 모든 것에 예민하고 두려움도 많아졌고, 술에 대한 회피 모드를 형성된 것이다. 즉, 술 또는 가장의 무책임함을 연상할 수 있는 자극은 너무 무섭기 때문에 가능하면 피하려고 한다.

미리 피하고 싶은 욕구는 오히려 그런 자극을 더 빨리 지각하게 만든다. 남편이 소량의 술만 마셔도, 아내는 심리적으로 매우 고통스러울 수 있다. 그런데 남편은 이런 아내의 깊은 무의식 속 두려움을 이해하지 못하고 가볍게 한 잔쯤은 괜찮다고 이야기할 수 있다. 이때 부부의 갈등은 시작된다. 서운한 마음이 생긴 상태에서 보면 남편의 단점들은 더 찾아내기 쉽다. 회피 모드가 주는 불필요한 효과이다. 피하고 싶을수록, 힘들어하는 자극에 대해 민감해지기 때문이다.

상담센터 활용하기

부부간의 갈등이 깊어질 경우, 두 사람의 의지만으로 해결하기 힘들 때가 있다. 그럴 때는 용기 있게 제3자의 도움을 받는 것도 좋은 방법이다. 비용이 걱정이라면 정부에서 운영하는 '건강가정지원센터'의 문을 두드려 보는 것도 좋겠다. 지역마다 상담센터를 두고 부부 문제, 부모 자녀 문제, 세대간 문제 등을 상담해준다. 비용은 무료이며, 1577-9337번으로 문의하면 가장 가까운 지역 센터를 연결해주고 방문이 어려울 경우에는 전화나 인터넷을 통한 상담도 가능하다.

상담 시 두 사람이 함께 가면 좋지만, 한쪽이 안 간다고 하면 가려는 사람이라도 먼저 가자. 그래서 한 사람이라도 이런 경우 어떻게 하면 좋을지 실마리를 풀자. 문제를 키워서 가지 말고 미리미리 커지는 것을 예방하기 위해 가야 한다. 그리고 절대로 상담사가 문제를 해결해줄 것이라고 기대하지 말자. 문제는 상담사가 아니라 내가 해결하는 것이다. 또한 상담실 찾는 것을 창피하게 생각하지 말자. 여자는 아이 낳을 때 의사 앞에서 옷을 벗고, 남자도 주사 맞을 때 간호사 앞에서 바지를 내리는 것처럼 이는 창피한 것이 아니다.

06 주말부부에게 주말은 재충전의 시간이다

저희는 주말부부예요. 맞벌이 부부라 저는 시부모님과 함께 살고 있고 남편이 주말에 한 번씩 옵니다. 한 번씩 올 때면 남편이 아들을 좀 봐주면 좋을 텐데 아이를 좀 봐달라고 하면, 좀 놀아주고는 오히려 큰소리를 쳐요.
저도 시부모님이랑 살면서 일도 하고 아들도 저에게만 매달리고 해서 힘든데 주말에만 오면서 힘들게 일하고 왔다며 나에게 화를 내는 걸 보면 저도 화가 나서 자주 싸우고 맙니다. 어떻게 해야 할까요?

이럴 땐 이렇게

맞벌이이면서 주말부부인 경우 가족 스트레스가 매우 클 것이다.

부부 각자의 스트레스가 크면 클수록 부부는 배우자의 스트레스에 대해서는 둔감하다. 자신의 스트레스에 집중하고 있어 배우자가 이를 위로해주길 기대한다. 기대가 충족되지 않으면 그렇지 않아도 예민해 있던 터라 자극적인 단어로 상대를 비난하거나 언성이 높아지기도 한다. 이로써 부부 갈등이라는 스트레스가 하나 더 부가되고 갈등은 더욱 커진다. 스트레스와 대화의 질은 밀접한 관계가 있다. 스트레스를 느낄 때 부부는 서로에게 비난하거나 퉁명스러운 말을 하게 되기 쉽다. 누군가가 비난의 한마디만 하면 바로 싸움으로 진전된다. 싸움이 되지 않기 위해 해야 할 것은 그때그때 느끼는 감정을 상대방이 알아들을 수 있는 언어로 전달하는 것이다. 만약 아내가 남편에게 "당신은 아이도 제대로 안 보고 뭐해요?"라고 하면 남편은 마치 자신이 비난 받은 느낌이 들어 바로 방어하게 된다. 방어 행동은 다시 아내에 대한 비난이나 자신의 행동에 대한 합리화로 표현된다. 이는 아내를 더욱 화나게 하고 점점 마음이 멀어지게 하는 요인이 된다.

또한 남편이 왜 잘 안 도와주는가, 아니면 왜 못 도와주는가, 그 이유를 잘 들여다볼 필요가 있다. 내가 아이를 봐달라고 했을 때 기분이 안 좋거나 화가 나서 말투가 험악하지는 않은지, 남편이 육아는 여자들이나 하는 거라고 생각하는 건 아닌지, 정말 피곤해서 그런 건 아닌지, 아니면 부모님이 계시니까 안 도와줘도 된다고 생각하는지, 이에 대해 대화로 잘 풀어 보자.

주말부부를 다른 말로 '분거가족'이라고 한다. 따로따로 떨어져 사는 가족이라는 뜻이다. 이렇게 떨어져 사는 것에는 얻는 것과 잃는 것이 있다. 우리 부부의 경우에는 어떤 것을 얻고 잃었는지 손익계산서를 작성해 보자. 혹시 약간의 경제적 소득 때문에 자녀 양육 문제 등이 생기는 경우라면 떨어져 사는 것을 재고해 보는 것이 좋다. 지금은 이렇게 살지만 언제까지 이렇게 살 것인지에 대해 생각해 보자.

부부 사이가 떨어져 있을 때 오히려 관계가 좋아질 수 있는 방법도 있다. 이메일, 문자, 편지 등을 주고받는 것은 좋은 방법이다. 그리고 아주 가끔 아이를 데리고 아내가 남편 있는 데로 가는 방법도 있다. 떨어져 있기 때문에 멀어질 수밖에 없는 친밀감을 회복하려는 노력을 아끼지 말자. 서로가 감정을 나누고 위로한다면 주말은 이들에게 분명 소중한 재충전의 시간이 될 것이다.

주말부부들이 겪는 스트레스는 특별하다. 부부는 각자 일주일 동안 각자의 일상생활 속에서 느끼는 스트레스를 주말에 만났을 때 서로 풀고 싶어 한다. 남편은 아내가 해주는 따뜻한 밥과 보살핌을 그리워했고 일 속에 지쳐 있는 자신을 위로해주길 바라는 마음이 생긴다. 그러나 아내는 아내대로 혼자 있으면서 남편의 보살핌을 받고 싶었던 욕구를 주말에 온 남편이 채워주길 바란다. 더욱이 남편 없이 시집살이를 하는 경우, 억울하기도 하고 서러운 느낌도 있을 수 있다. 이럴 때 아내는 남편이 오길 손꼽아 기다린다. 오면 하소연하며 남편에게 위로 받고 싶은 마음이 간절할 수 있다. 그러나 남편의 입장에서는 가족을 위해 돈을 버는데 혼자서 지내려니 역시 외로운 느낌과 함께 아내의 보살핌이 그리워진다. 주말에는 아내가 잘 해주겠지 그리고 아내가 해주는 맛있는 밥을 먹으며 푹 쉬고 싶다는 소망을 가지고 기대에 가득 차서 집에 오게 된다.

그러나 두 사람이 모두 과도한 스트레스를 받는 경우, 상대방의 스트레스를 감지하기 어렵다. 그러므로 양쪽의 기대는 무너지기 마련이다. 기대가 무너지는 순간 두 사람의 대화는 비난 또는 폐쇄적인 형태가 된다. 이 또한 새로운 스트레스를 유발시킨다. 만나서 스트레스를 더는 것이 아니라 오히려 스트레스가 쌓이게 된다. 결국 부부 관계는 갈등 관계로 이어진다.

주말부부 특히 자녀가 어린 경우에 배우자의 스트레스에 대해 섬세하게 지각하고 이에 대한 정서적 지지를 해주어야 한다. 아내가 힘들다고 해서 대신 설거지를 하거나 빨래를 하는 것도 중요하지만 이때 정서적인 지지가 없을 경우, 아내는 고마워하지 않는다. "당신, 정말 힘들지?"라는 이야기와 함께 도움이 제공되어야만 그 가치가 빛난다. 둘 중에 하나를 택하라고 하면 행동보다 더 중요한 것이 정서적인 지지이다. 마음을 알아주는 것보다 더 좋은 위로가 있을까?

우리 부부 행복 미션

1. 휴대폰 들고 배우자 사진 찍기!
아이들 얼굴만 가득한 휴대폰 배경화면. 휴대폰을 들고 남편, 아내의 사진을 찍고 배경화면을 배우자의 사진으로 바꿔 보자.

2. 배우자에게 휴가를 주자
주말에 3시간씩, 혼자 영화를 보든 산책을 하든 업무와 육아, 집안일에서 벗어나 혼자만의 시간을 가질 수 있도록 짧은 휴가를 보내주자. 돌아온 배우자의 표정이 밝아질 것이다.

3. 데이트를 즐겨라
연애 시절 함께 갔던 곳도 좋고, 집 앞 공원을 산책하는 것도 좋다. 부부가 연애하듯 데이트를 즐겨 보자. 생각만으로도 행복해질 수 있다.

07 EBS 라디오 멘토 부모

취미 생활도 부부가 공평해야 한다

저는 6살, 4살, 돌이 갓 지난 삼남매를 둔 엄마입니다. 저는 남편의 새로운 취미 때문에 고민이 있습니다. 막내를 낳고 조리원에 있을 때 남편이 골프를 시작했습니다. 일과 관련해 필요하다고 해서 시작한 터라 응원해주었습니다. 벌써 1년이 넘었는데 갈수록 골프에 빠지더라고요. 매일 새벽마다 운동하러 연습장에 가는 건 기본이고, 한 주에 한 번 이상 필드에 나가고요. 골프동호회 활동도 정말 열심히 합니다. 매일 집에 와서도 동호회 카페 댓글 다느라 아이들은 쳐다보지도 않네요. 남편이 가입한 카페에 들어가 보니, 거의 하루 종일 그 카페 창을 열어 놓고 일하는 것 같아요. 낮 시간에도 댓글을 엄청 달아 놓았더라고요. 저는 너무 화가 나서 주말에는 골프 치러 가지 말 것과 여행을 혼자 다녀오면 저도 나중에 아이들 키워 놓고 똑같이 혼자 여행을 다녀오겠다고 선언을 했지요.

나는 이렇게 아이들 돌보느라 정신없이 하루를 보내는데 혼자 놀러 다니고, 사람들이랑 어울리고 하는 게 질투가 납니다. 아직 아이들도 어리고 한데, 좀 더 아이들한테 관심을 쏟아주기를 바라는 제가 너무한 건가요?

남편 친구들은 오늘 태국으로 골프 여행을 간다고 하면서 자기 같은 남편이 없다는 식으로 나오는데, 남편의 취미 생활을 어느 정도까지 인정해줘야 하는지, 제가 남편을 지나치게 통제하고 있는 건지 궁금합니다.

이럴 땐 이렇게

남편의 골프 취미를 어디까지 허용할 것인가? 무조건 막는 것도 문제가 될 것이고, 또 싸우지 않기 위해서 무조건 참는 것도 문제가 될 것이다.

해결책은 남편과 아내가 공정하고 공평하게 자신들의 역할과 취향에 맞게, 가사, 육아, 각자의 취미 생활, 또는 경제적인 의무와 권리 등의 규칙을 정해야 하는 것이다. 부부가 너무 많은 시간을 취미 활동에 할애한다면 아마 다른 많은 일에서 피해가 올 것이다. 이에 대한 책임 역시 공동책임이다. 남편의 특권, 아내의 희생과 양보는 상호 작용에 대한 공정성에서 문제가 된다. 남편이 일방적으로 자신의 취미 생활에 대한 양과 규모를 결정하는 것은 절차에 대한 공정성에 문제가 된다. 아내와의 합의가 없었기 때문이다. 또 남편과 아내의 시간과 경제적 씀씀이는 반드시 공평하게 분배되어야 한다. 이것이 분배 공정성이다. 함께 산다는 것은 예술처럼 조화를 이루는 것이다. 조화를 이룬다는 것은 저절로 되지도 않을 뿐더러 쉽게 되지도 않는다. 두 사람은 개방적인 태도로 많은 대화를 하며 공동의 해결책을 찾아 WinWin해야 한다.

아내도 골프라는 운동의 특성을 알았으면 한다. 이 운동은 푹 빠져야 하는 운동이고 한번 미치면 빠져나가기 쉽지 않다. 아내는 남편이 좋아하는 골프를 못 치게 하는 게 목적이 아닐 것이다. 삼남매 때문에 본인은 힘든데 남편만 돈 쓰고 즐기니까 억울한 거다. 남편의 취미 생활 자체를 못 하게 하는 것이 아니라 규칙을 세워 지키도록 하자. 이를테면 골프 치는 횟수 조절하기, 치더라도 아이들 돌보는 것은 분담하기, 골프 비용 제한 등을 대화를 통해 정해 보자.

나만 억울하다 싶으면 내 스스로 나한테 선물하고 보상하는 경험을 갖자. 지금은 자녀가 어리지만 아이가 크면 나만의 휴가, 여행 등을 보장받을 수 있어야 한다. 남편의 취미 생활 규칙 중 골프 횟수 넘으면 벌금 내기를 정해 놓고, 그 벌금으로 내가 쓰고 싶은 것에 사용하는 방법도 위로가 될 수 있다. 본인을 위한 선물 외에도 아이들을 다 떼어 놓고 한 달에 하루라도 다 잊고 휴가를 떠나는 것도 좋은 방법이다.

공정성과 공평성을 따져 보자.

갈등을 해결하기 위해서는 갈등 요소(위 사례의 경우 골프)보다 더 집중해야 하는 것이 있다. 그것은 바로 앞서 언급한 공정성과 공평성이다.

위 사례를 예로 들어 생각하면, 아내가 남편의 골프 취미에 대해 마음이 불편한 것은 공정성과 공평성이 깨져서다. 현재 아내는 세 자녀의 육아와 가사 노동에 지쳐 있다. 그에 비해 남편은 취미 생활로 많은 돈과 시간을 할애하면서 오히려 신나고 즐겁게 살고 있다. 공평성이 깨지고 있는 것이다. 아내는 억울해지기 시작한다. 왜 함께 살면서 나만 힘들게 살아야 하나? 남편이 재미있게 사는 모습을 보며 질투가 생긴다. 아내는 여러모로 혼란스러워진다. 질투가 부끄럽기도 하고, 억울하기도 하고 화가 나기도 하지만 그 누구도 알아주지 않을 때 아내는 마음의 병이 생길 수 있다. 그래서 남편에게 골프를 그만두라고 하면 남편은 골프가 왜 나쁘냐면서 오히려 방어적인 태도를 보인다. 남편이 이렇게 방어적으로 나오는 이유는 자신이 하고 싶은 것을 못 하게 되면서 욕구 좌절을 느끼기 때문이다. 아내는 그런 남편이 더 얄밉고 싫어질 수 있다. 부부갈등이 심화되기 일보직전이다. 이를 막으려면 공정성과 공평성에 초점을 두어 개방적인 태도로 대화의 합의를 이끌어 내야 한다.

대화도 학습이다

요즘은 책이나 인터넷 정보들 중에도 좋은 대화법에 대한 이야기가 많이 나와 있다. 하지만 볼 때는 알겠는데 집에 와서 하려면 안 된다고들 한다. 이것도 학습과 똑같다. 배울 때도 반복 학습이 필요하듯이, 끊임없이 반복해서 어느 순간 나에게 익숙하게 될 때까지 하는 방법밖에 없다. 대화법도 매번 반복해서, 실수하더라도 다시 점검하고 시도해 보고 해서 익숙해지도록 해야 한다. '그 순간 내가 이렇게 대응할걸. 또 내가 잘못했구나' 하면서 뒤돌아보고 반성해 보는 것도 필요하다. 자기에게 직접 닥쳤을 때 직접 시도해 보고, 적용해 보고 다시 돌아보며 반성해 보면서 조금씩 나아지는 것이다.

남녀 차이일 수도 있고, 남자도 개인차가 조금 있을 수 있는데, 배우자의 공감 능력이 부족하다 싶을 때는 "여보, 다른 얘기는 아무것도 할 필요 없이 내 얘기를 그냥 들어줬으면 좋겠어요, 한 10분만" 하고 요청을 하거나 쿠폰을 발행하는 것도 좋다. 공감 받고 싶거나 내 얘기를 들어주기를 원할 때 남편에게 10분간 나의 눈을 쳐다보고 꼼짝없이 얘기를 들어주도록 하는 쿠폰을 말이다.

첫째, 대화를 하기 전에 부부간에 친밀감을 더 쌓자.

아무리 대화 기술을 익힌다고 하더라도 부부가 서로 쳐다보기조차 싫어하면 대화 자체가 안 된다. 관계가 멀어졌거나 사이가 나빠졌거나 냉랭해진 관계를 회복하기 위한 친밀감을 쌓아 나가야 한다. 친밀감을 쌓는 방법은 부부에 따라 다르다. 외식, 영화, 안마, 드라이브, 운동 등 우리 부부에게 맞는 것을 선택하자.

둘째, 대화 준비를 하자.

감정적으로 쏟아 붓지 않기 위해 대화 준비를 하자. 남북, 한미 정상회담 수준의 준비까진 아니더라도 오늘 무슨 얘기를 할 것인지, 어디서 하는 게 좋은지, 언제 하는 게 좋은지 미리 생각해 두자. 이런 얘기를 할 상황이나 시간, 장소가 되는지 준비해야 하는 것이다. 대화에서 제일 중요한 것은 경청이다. 상대의 말을 잘 들어주고 공감해주는 것이 무엇보다 중요하다.

08 EBS 라디오 멘토 부모

다른 가치관보다는 공동의 목표에 주목하자

결혼 생활을 10년 한 40대 중반인데, 이혼을 여러 번 생각했습니다. 저는 평소 거의 화를 내는 편이 아닌데 남편은 굉장히 감정적으로 모든 것을 대한다 싶을 만한 모습을 많이 보여 왔습니다.

결정적으로 우리 부부가 여러 번 이혼을 생각한 것은 10년을 살아도 본인 자동차 청소를 한 번도 안 하고, 앉을 때도 활처럼 구부정하게 앉습니다. 친구나 어머니, 아버지에게서도 그렇게 앉는 것이 보기 안 좋다고 하는 말을 여러 번 들어왔고요, 제가 봤을 땐 더 심각하게 느껴졌습니다. 그리고 운전할 때 한 손으로 운전을 하다가 차가 휘청한 적도 많습니다. 끝으로 이를 닦으라고 말하지 않으면 백 번에 한 번 수용해서 이를 닦을 정도입니다. 이를 닦으라고 하면 심하게 인상이 찡그려지기 때문에 맞대응하기도 싫고, 맞대응해서 좋은 일이 없었기 때문에 그냥 삭이고 조용할 때 한 번씩 이야기를 하면, 그것이 무엇이 문제가 되느냐며 본인은 이게 편하다고 합니다. 본인은 괜찮다는데 신경이 쓰이는 저는 어떻게 행동해야 할지 모르겠습니다.

이럴 땐 이렇게

종류는 다르지만 "어쩜 우리 집이랑 이렇게 같을까" 하고 어떤 집이나 공감할 수 있는 상황일 것이다. 남편은 "자동차 잘 굴러가면 되지, 청소가 뭐 중요하냐", "이 몇 번 안 닦는 것이 큰 문제가 되냐" 하는데, 여기서 아내가 지나치게 세세한 부분까지 남편의 방식을 재단하는 것이 아닌가 생각해 봐야 한다. 물론 마음의 바탕은 남편의 안전과 건강을 위해서일 것이다. 그렇지만 10년 동안 무수히 써 왔지만 별로 나아지지 않았던 그 방법에 계속 고착돼서 악순환이 되게 하지 말고 무언가 빠져나올 수 있는 계기를 만드는 것이 좋겠다.

그리고 이 문제의 소유자가 누구인가를 따져볼 필요가 있다. 이 문제 때문에 현재 고통 받고 있고, 이 문제를 변화시키고 싶은 사람은 아내이다. 이때 우리가 잘잘못을 떠나서 이 문제를 누가 갖고 있는가를 살펴보자. 지금 아내가 남편의 이런 모습이 싫고, 싫은 게 왜 고통스럽냐 하면 아내의 마음속에는 남편을 사랑하고 존경하고 싶고, 남편에게 다가가고 싶은 욕구가 있는데 그러한 남편의 행동을 보면 다가갈 수 없다는 게 아내의 문제인 것이다.

그럼 이 문제를 해결하기 위해서는 문제를 '나는 남편을 정말 좋아하고 싶다'고 정의한 후 방법을 고치는 것이 좋겠다. 기존에는 '남편을 고치고 싶다'는 방법이었는데, 이제 방법을 달리해서 '내가 남편을 좋아하고 존경할 수 있는 방법이 무엇인가'를 찾아보는 것이다.

그럼 이제부터 단점을 보지 말고 장점을 찾아보는 것이 좋겠다. 그게 보이지 않는다면, 두 번째 방법으로 '내가 신혼 때 남편의 어떤 모습이 매력 있었는가' 하는 것들을 점검해 보면서 처음으로 돌아가는 방법도 있다. 이 방법도 안 된다 하면 최후의 방법으로, 이 문제가 해결되지 않고 이 상태로 계속 남아 있다고 한다면 할 수 있는 일이 무엇일까를 노트에 적어 보는 것이다. 남편이 하는 게 아니라, 남편의 행동을 위해 부인이 할 수 있는 일을 적는다. '더 잔소리를 한다', '단점을 지적한다' 등이 있을 것이다. 이렇게 되면 남편의 반발에 의해서 더 문제가 악화될 것이다. 그렇다면 노트에 적은 리스트를 보면서 이런 행동들만 하지 않으면 된다. 역발상 방법이라고 할 수 있는데, 이런 점들이 해결하려고 노력한 방법들이었지만 결과적으로 문제 상황을 유지시켰던 방법들이었던 것이다. 이런 일들만 안 하려고 노력해도 상황이 더욱 악화되지는 않을 것이다. 남편의 행동을 고치려고 하는 그 행동 자체가 남편의 지금의 상태를 더욱 고착시키는 원인이 되었다는 점을 명심하면 실마리를 풀 수 있을 것이다.

또한 아내는 화를 내지 않고 있는 모습이 대단히 이성적이어 보이지만 남편 입장에서는 끊임없이 조종당하는 듯한 느낌을 받고 있는 건 아닌지 되돌아볼 필요가 있다. 부부가 몇 가지 규칙을 약속하는 것이 좋겠다. 남편이 자동차 청소를 안 하면 내가 차를 안 탈 수도 있고, 내가 세차할 수도 있는 것이다. 한편 아내가 앉는 자세나 이 닦는 부분 등 너무 사소한 것까지 세세하게 고치려 드는 경향이 있다. '나는 옳고 당신은 틀렸어' 이런 식으로 내가 옳다고 믿는 걸 지나치게 남편한테 강요하는 경향이 있는 건 아닌지 돌이켜 보자. 남편을 있는 그대로 존중하도록 해야 한다.

공동의 목표에 주목하자

부부가 살면서 서로 가치관이 다른 경우에 사이가 많이 벌어진다. 교육관 등 가치관이 다른 경우가 많은데, 가치관이 많이 다르면 그만큼 힘들다. 그래서 배우자를 선택할 때 가치관을 알아보고 맞출 수 있다면 좋다. 부부가 서로 마주 보는 사이가 아니라 어느 한쪽을 향해서 함께 걸어가는 사이라고 표현하는 사람이 있기도 한데, 그러나 다른 가치관은 바꾸기 힘든 것이다. 정말 바꾸려고 할 필요가 없는 부분에서는 무리를 하지 말고, 아이를 키우는 부분과 같이 일관된 원칙이 필요할 때 수시로 부부 공동의 꿈, 부부가 함께 이루고 싶은 목표에 대해서 많은 부분 대화를 나누며 사소한 부분은 서로 양보하는 지혜가 필요하다.

가치관이 비슷할수록 갈등은 적다. 가치관이 아주 같다는 것은 처음부터 불가능하고, 아주 비슷하더라도 차이가 날 수밖에 없다. 그런데 일정 부분은 가치관이 약간 다른 사람에 대해서 매력을 느끼는 경우가 있다. 가끔은 내가 가진 가치관이 버겁기도 한데, 각각의 가치관이 보완되는 경우가 있으므로 상대가 갖고 있는 가치관에도 장단점이 있다는 것을 깨달아야 한다. 다른 가치관이 갈등이 될 때는 가치관이 약간 달랐을 때의 장점만 생각하면서, 내 가치관이 완벽한 것이 아니라는 것을 인정하고, 상대방의 가치관도 수용할 수 있어야 한다.

바라는 점을 말할 때는 명확하고 긍정적으로!

부부가 서로에게 바라는 마음이야 너무나 당연하고 자연스러운 것이다. 내 남편이고 부인이기 때문에 바라는 것이다. 그 기대치 때문에 상처를 많이 받는데, 그 기대치가 비현실적이거나 지나친 기대일 경우에는 해줄 수가 없다. 나는 바라지만 그것을 해줄 수 없거나 해주기 싫을 때 욕구가 충족이 안 되니까 상처를 받는 것이다. 그래서 그 기대치를 조금씩 낮추는 것이 제일 중요하다. 상대방을 변화시키려는 마음을 내려놓을 수 있다면 최고라고 할 수 있다. 기대치를 낮추거나 있는 그대로를 보는 것이 좋다. 내가 배우자를 선택했다고 할 때는 상대의 장점만 선택하는 것이 아니라 그 사람의 부족한 부분, 조금 모자라는 부분, 문제도 한 보따리 선택하는 것이다. 결혼 전에는 그런 점들이 안 보이지만 미리 살아 보신 부모님의 말씀을 잘 헤아려서 듣고 항상 이면의 모습들을 신중히 가려보는 태도가 중요하다.

상대를 변화시키려는 마음을 완전히 내려놓는 것이 힘들면, 거꾸로 그 에너지를 나를 먼저 변화시키는 쪽에 쏟자. 대부분 내가 아니라 상대부터 변화시켜 놓겠다고 하니까 갈등이 생기는 것이다. 내가 내 스스로를 변화시키는 것도 힘든데 상대가 나를 뜯어고쳐 놓겠다고 작정하고 덤벼들면 누구나 거부감이 들게 마련이다. 일단 나부터 먼저 변화하도록 하자.

배우자에게 바라는 점을 얘기할 때는 명확하게 해야 한다. 애매하고 모호하게 "일찍일찍 좀 들어왔으면 좋겠어"라고 하는데, '일찍일찍'이 어느 정도인지를 제대로 표현하자. "나한테 관심 좀 써줘요"라고 말하는데, 이렇게 말하면 무엇을 말하는지 상대가 모른다. "내가 얘기할 때 내 눈을 쳐다보고 얘기를 들었으면 좋겠어요" 하고 명확하게 얘기하는 것이 좋다.

또한 긍정적으로 얘기하는 것도 중요하다. "담배 피우지 마", "술 마시지 마"라고 이야기하는 것보다 "술을 마시더라도 대리운전을 시켰으면 좋겠어"로 돌려 말해 보자. 하지 말라고 하면 사람은 더 하고 싶은 반발심이 생긴다. 그러므로 긍정적인 언어를 써야 한다.

말은 부탁인데 실상 강요인 경우가 상당히 많다. 부탁을 하고는 안 들어줬을 때 서운해 하고 비난하고 불평하고, 안 들어준 사람에게 죄의식을 느끼게끔 심리적인 압박감을 주기도 한다. 강요와 부탁은 다르므로 안 들어줬을 때 비난하거나 불평하지 않도록 해야 한다. 그러기 위해서는 내가 부탁을 했을 때, 내 배우자가 거의 95~100% 들어줄 수밖에 없는, 기꺼이 들어줄 만한, 상당히 수위가 낮은 부탁부터 먼저 하는 것이 좋다.

배우자의 나쁜 습관을 고치고 싶다면?

식습관이나 수면 습관을 비롯해 배우자의 건강과 가족의 행복을 위해서 뭔가 고치고 싶은 것이 있다면 우선순위로 딱 한 가지를 선택해 그것부터 고치도록 유도하는 것이 좋다.

그리고 "당신 그거 고쳐야 돼" 이렇게 말하지 말고 "그 문제를 고치려고 애를 쓰는 당신도 얼마나 힘들까. 고치겠다고 큰소리 치고 또 못 지키면 아이한테도 체면이 안 서니까, 그래서 말 못한 거 나도 알아" 하면서 둘이 함께 어떻게 하면 고칠 수 있을까, 내가 어떻게 도움을 주면 고칠 수 있을까를 고민해서 한 가지만 먼저 공략을 해 보는 것이 도움이 된다. 상대방이 나도 고치고 싶지만 잘 안 된다고 말한다면, 이런 방법을 써 보자. 예를 들어 식습관의 경우, 아무 때나 일어나서 밥 달라는 남편에게 밥을 차려주는 것은 너무 힘드니까 식사 시간의 범위를 정해 놓고 "이 시간 넘어서 하는 것은 나도 너무 힘들어. 그때는 당신이 알아서 식사를 챙겨먹었으면 좋겠어" 하고 말하자. 제3의 대안, 제4의 대안도 있을 수 있다. 그게 아니라 일방적으로 내 요구만 수용해달라고 하게 되면 양쪽 모두 힘든 상황이 된다.

나쁜 습관이란 말 자체가 주관적 판단이 들어가 있는 표현이다. 서로의 습관이 다를 뿐이다. 좋은 습관, 나쁜 습관은 없다. 나쁘다고 전제하니까 나빠 보이는 것이지, 그렇지 않으면 고칠 필요가 없는 것이다. 남편이 본인의 버릇을 고치려고 해야 고쳐지는 것이지, 그렇지 않은데 상대가 고치려고 하면 별 효과가 없다. 내가 도움을 주려고 해도 상대가 도움을 받으려고 하는지 잘 알아야 한다. 이것을 어느 한쪽 문제라고 생각하지 말아야 한다. 그러면 내가 고통 받는다. "이건 우리 문제니까 내가 어떻게 도와주면 될까요?"라고 말하며 접근하자. 배우자가 조금씩 변화할 때 칭찬과 보상도 잊어서는 안 된다.

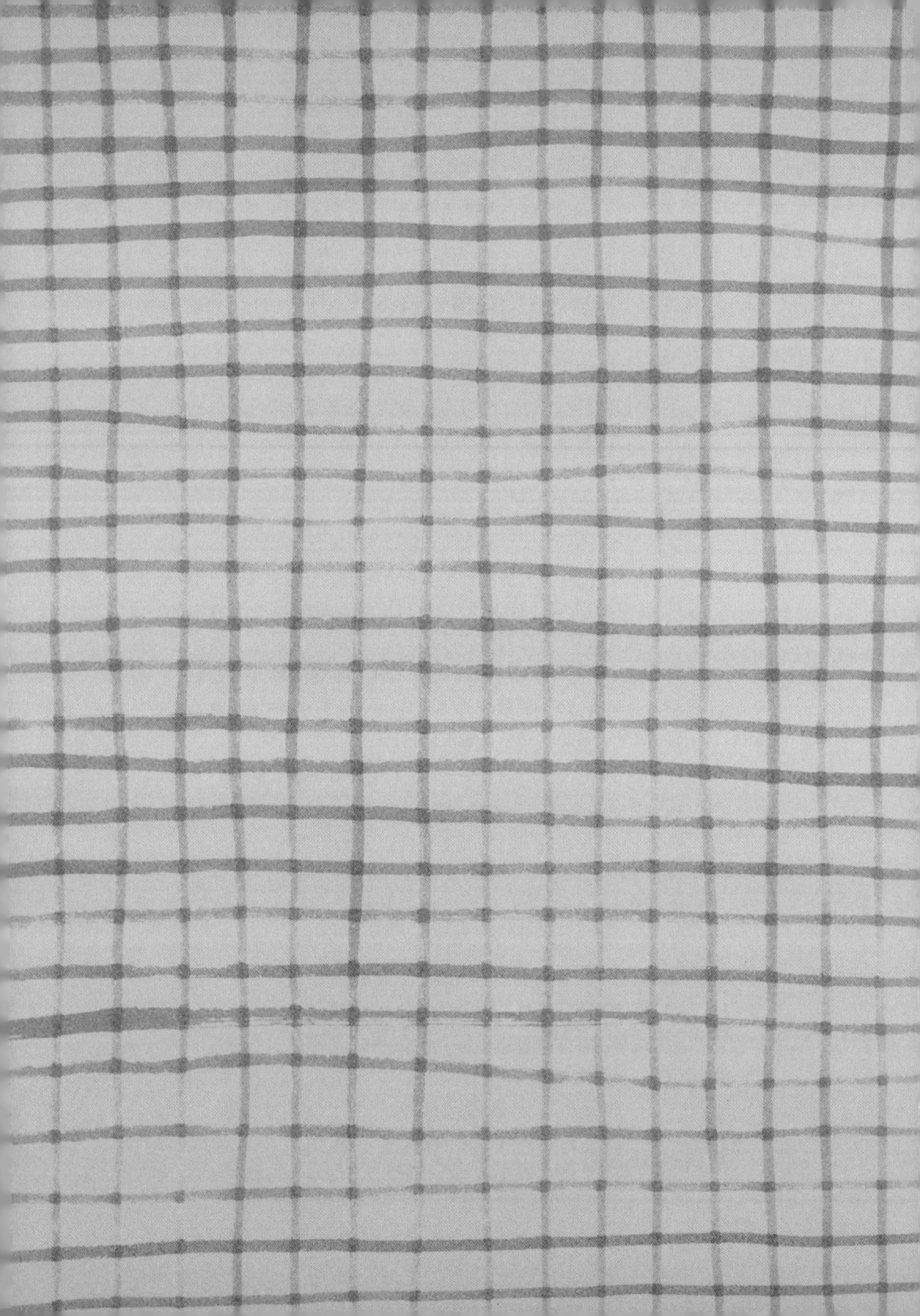

부록

EBS 라디오 멘토 **부모**

부모와 아이가 함께 즐기는 생활 속 놀이

부모와 아이가 함께 즐기는 생활 속 놀이

홍은주(부천대학 유아교육과 교수)

1. EQ가 쑥쑥, 자연 놀이

〈놀이를 시작하기 전에〉

첫째, 자녀의 발달 특성을 고려해야 한다. 만 3~4세경의 자녀는 말로 설명하는 것을 통해 배우기보다는 직접 손으로 만지는 등 몸으로 경험하면서 배운다.

둘째, 한두 번의 이벤트 같은 자연 놀이가 아닌, 일상생활 속에서 직접적이고 일상적으로 자연을 접할 수 있는 기회를 준다.

셋째, 자연이 생명임을, 그리고 그 생명은 아주 작은 것이라도 소중하다는 것을 가르쳐야 한다.

넷째, 자녀는 부모의 거울! 부모가 자연을 하나의 생명으로 여기고 소중히 하는 마음과 태도를 보이면, 자녀는 자연스럽게 자연을 소중히 생각하게 되고 나아가 자기 자신을, 타인을 사랑하게 된다.

다섯째, 아이들의 자연에 대한 호기심과 질문이 때론 터무니없고 황당하다고 할지라도 귀 기울여주어야 한다. 그것이 아이들의 과학적 사고의 시작이다.

〈자연물을 이용한 놀이〉

① 날씨, 무생물을 통한 자연 놀이

바람이 불 때 바람개비 돌리기, 구름의 모양을 관찰하고 그려 보기, 비가 올 때 빗물 받아 보기, 산에 가서 돌 관찰하기(돌 만져 보고 돌 쌓아 보기, 돌 냄새 맡기, 돌에 그림 그리기), 흙 놀이(흙에 나뭇가지 꽂고 쓰러뜨리지 않고 흙 가져가기, 흙 그림 그리기), 물(물에 꽃잎 띄우기, 물에 배 띄우기) 놀이

② 식물(꽃, 풀, 나무, 열매)을 활용한 자연 놀이

꽃(아카시아 잎 가위 바위 보로 떼기, 봉숭아물 들이기, 애기똥풀 손톱물 들이기, 꽃향기 맡기, 꽃잎 염색하기), 풀(쑥떡 맛보기, 토끼풀로 팔찌 만들기, 강아지풀로 간지럼 태우기, 민들레 홀씨 불기), 나무(나무 이름 짓기, 나뭇결 탁본 뜨기, 나무 안고 이야기하기, 수맥 소리 듣기, 나뭇잎 본뜨기, 내 키만 한 나무 찾기), 열매(열매 주워 관찰하기, 가위 바위 보로 나누기, 솔방울로 인형 만들기, 도토리로 팽이 만들기)

③ 동물(곤충, 동물)과 함께하는 자연 놀이

곤충(애벌레 키우기, 곤충 관찰하기, 거미줄 보고 그려 보기, 비온 다음 날 지렁이 관찰하기, 곤충의 소리 듣기, 흉내 내기), 동물(동물 기르기, 동물의 생태와 습성 관찰하기, 동물 먹이 주기, 동물 울음소리 듣고 흉내 내기, 집 주변의 새 관찰하고 소리 듣기)

〈계절별 자연 놀이〉

① 봄에 할 수 있는 자연 놀이

진달래꽃 따다 화전 만들기, 풀싸움, 봉숭아물 들이기, 풀로 그림

그리기, 아카시아 꽃 맛보기, 민들레 홀씨 불어 날리기, 비석치기, 땅따먹기, 달팽이 먹이 주기, 거미처럼 움직이기

② 여름에 할 수 있는 자연 놀이

나뭇잎 배 띄우기, 물수제비 뜨기, 눈감고 물소리 듣기, 새소리 듣기, 풀잎으로 사람 만들기, 넝쿨줄기로 머리말아 파마하기, 곤충 관찰하기, 꽃봉오리 눌러 소리 내기, 미나리 키우기

③ 가을에 할 수 있는 자연 놀이

열매, 과일 맛보기, 밤 따기, 낙엽 주워 책갈피에 말리기, 낙엽으로 나무 꾸미기, 낙엽 소리 들어보기, 나무 고동소리 듣기, 국화차 마시기, 가을 하늘의 숨은 색 찾아내기

④ 겨울에 할 수 있는 자연 놀이

눈 관찰하기, 얼음 만져 보기, 눈싸움, 눈사람 만들기, 눈 위를 걸으며 소리 듣기, 나무의 변화 관찰하기, 돌멩이로 탑 쌓기.

2. 사고력 쑥쑥, 과학 놀이

〈놀이를 시작하기 전에〉

많은 사람들은 과학자들 하면 희고 덥수룩한 머릿결, 검은 뿔테 안경, 부스스한 실험복에 산만한 말투와 부리부리한 눈을 떠올린다. 사람들이 과학을 우리의 생활과 얼마나 먼 이야기처럼 생각하는가 보여주는 한 단면이다. 그러나 '과학적 사고'야 말로 합리적인 사고이고, 생활을 보다 편리하게 만들어주는 힘이 되는 유익한 학문이다.

아이들이 흔히 하는 질문인 "왜?"는 아이들의 과학적인 호기심에서 시작된다. 이러한 과학적 소양과 사고가 잘 자라기 위해서는 무엇보다 과학은 재밌는 것이라는 생각을 어렸을 때부터 경험해야 한다. 아이들의 질문에 귀 기울여주고 "왜 그렇지?"하고 물어봐주고 직접 손으로 해 볼 수 있도록 도와주어야 한다. 또한 아이가 주변 물건이나 자연, 생활 속에서 일어나는 일들에 대해 주의 깊게 살펴보고 표현할 수 있도록 기회를 주는 것이 좋다.

〈생활 속 과학 놀이 10가지〉

① 소금에 푹 절인 배추

배추를 준비해서 한쪽 배추에는 소금을 뿌리고, 한쪽은 그대로 둔다. 그리고 뚜껑을 덮고 햇볕이 들지 않는 따뜻한 곳에 나란히 둔다. 1~2시간 후 와서 뚜껑을 열어 보면, 소금이 배추에 스며들어서 배추가 부드러워지게 된다. 이를 삼투압현상이라고 하는데, 부드러워서 양념을 잘 흡수하고, 젖산을 분비해 유산균이 많아 몸에 좋은 김치를 만든다.

② 우리 집 안에서 비가 오게 해 볼까요?

우선 물을 냄비에 넣고 끓인다. 그리고 끓어서 수증기가 나면, 차갑게 한 철 쟁반 위에 얼음을 올려놓고 수증기 위에 대어 본다. 그러면 수증기가 차가운 철판을 만나 송골송골 물이 맺혀서 다시 아래로 떨어진다. 이와 같이 비도 뜨거워진 물이 수증기가 되어 위로 올라가 차가운 온도를 만나면 비로 변해 다시 땅으로 내려오게 되는 것이다.

③ 털옷으로 얼음병을 싸 보세요

작은 플라스틱 통 2개를 준비한다. 거기에 물을 채우고 둘 다 냉동실에 넣어 하룻밤 동안 꽁꽁 얼린다. 하룻밤이 지난 후 꽁꽁 언 병들을 꺼내서 하나는 그대로 두고, 하나는 털옷으로 싼다. 1시간이 지난 후 어떤 병의 얼음이 더 많이 녹았는가를 관찰해 보면, 털옷으로 싸 놓은 물통의 얼음이 훨씬 천천히 녹는다. 그 이유는 바깥의 따뜻한 열이 털옷 때문에 물통까지 전달이 안 되기 때문이다.

④ 색깔 장미를 만들어요

컵에 색소(물감이나 식용색소)를 타고 거기에 하얀색 장미나 국화를 꽂아 둔다. 하룻밤이나 이틀 밤이 지나면 어떻게 되나 보면, 하얀색 장미는 파란색 색소를 줄기로 빨아들여 파란 장미가 되어 있다. 장미 줄기 끝에서 꽃잎까지 물을 빨아올리기 때문이다.

⑤ 검은색이랑 흰색을 만져 보세요

검은색, 흰색, 빨간색, 파란색 종이를 각각 햇빛이 비치는 곳에 나란히 놓아둔다. 그리고 20분이 지난 다음 종이를 만져 본다. 어느 색이 가장 따뜻하게 느껴지는지, 어떤 색이 가장 차갑게 느껴지는지 말해 보자. 검은색이 손을 대어 보면 가장 따뜻하고, 반대로 흰색이 가장 차갑게 느껴지는데 이는 겨울 옷에 검은색이 많은 이유와 같다.

⑥ 풍선에 붙는 종잇조각들

종이를 잘게 찢어 놓고 풍선을 불어서 종이에 가까이 가져가 본다. 또는 부드러운 천으로 풍선을 문지른 다음 풍선을 다시 종잇조각에 가까이 가져가 본다. 풍선을 그냥 종이에 가져갔을 때에는 아무 일도 안 일어나지만 풍선을 천에 문지르고 종이에 가져가면 종이가 풍선에 다닥다닥 달라붙는다. 이것은 문지름으로 인해서 정전기가 일어난 것이다. 플라스틱 빗을 모직 스웨터에 비빈 후 수돗물을 틀어 그 옆에 가져가 보면 정전기로 인해서 물이 휘어지는 것을 볼 수 있다.

⑦ 종이를 당겨도 움직이지 않는 동전

얇은 종이를 잘라서 책상 위에 한쪽을 놓고 그 위에 동전 네다섯 개를 쌓아 놓는다. 그리고 종이의 다른 한쪽 끝을 잡고 갑자기 힘껏 잡아당긴다. 빠른 동작으로 휙 잡아당기면 동전은 그대로 있다. 이번에는 종이를 천천히 당겨 보면 동전이 움직인다. 이처럼 종이를 힘껏 잡아당겼을 때 동전은 그대로 있는 것은 관성의 법칙 때문이다.

⑧ 길이에 따라 다른 소리를 내는 빨대

긴 빨대를 3개 준비한다. 빨대 하나는 그대로 두고, 다른 한 개는 5cm 잘라내고 나머지 하나는 10cm 잘라낸다. 각각 길이가 다른 빨대를 불어 보고 어떤 소리가 가장 낮은지 높은지 들어 본다.

⑨ 한쪽으로만 전진하는 풍선

풍선을 불어서 그냥 놓으면 제멋대로 휙휙 날아다니지만, 보내고 싶은 곳으로 보내게 할 수도 있다. 낚싯줄을 빨대 속에 끼운 다음 줄을 한쪽 벽에 고정한다. 그런 다음 풍선을 크게 불고, 낚싯줄 끼운 빨대를 테이프로 풍선에 고정시킨다. 그리고 풍선주둥이를 놓는다. 그러면 줄이 이어진 곳으로 풍선이 날아간다. 이렇게 하면 눈에 보이지 않는 공기도 느낄 수 있다.

⑩ 공기의 힘

빈 페트병 2개를 준비하고 풍선 2개와 송곳을 준비한다. 빈 페트병 하나에 풍선을 넣어서 불어 본다. 다른 페트병은 송곳으로 여기저기 구멍을 낸 다음 풍선을 넣고 불어 본다. 왜 한쪽은 풍선이 불어지고, 다른 하나는 풍선이 잘 불어지지 않을까? 눈에 보이지는 않지만 공기에도 누르는 힘이 있기 때문이다.

3. 논리력 쑥쑥, 수학 놀이

〈놀이를 시작하기 전에〉

많은 사람들이 수학은 지겨운 것, 어려운 것, 지긋지긋한 것, 복잡한 것, 지루한 것, 까다로운 것이라고 생각한다. 그러나 수학은 단순히 공식을 외워 문제를 푸는 것이 아니라 세상의 이치를 깨닫는 것이라는 걸 기억하자. 그러자면 수학을 일상에서 자연스럽게 받아들여야 하는데, 수학 용어를 자주 사용해 아이들에게 친근함을 주는 것이 좋다. 이를 위해서 부모는 사소한 질문이라도 무시하지 말고 성실하게 답해주어야 한다. 또 수학 공부는 만 5세를 전후해 시작하는 것이 적당하다. 아이 뇌 발달 연구에 따르면 이때부터 추상적인 사고가 가능하기 때문이다. 처음부터 수학이란 흥미로운 것이라는 인식을 심어주기 위해서 가급적 생활 속의 물건들에서 수학의 개념을 찾아보고 활용하도록 하는 것이 바람직하다. 또한 수학은 단지 '수'만 있는 것이 아니라 다양한 개념이 포함되어 있는 포괄적인 개념이므로 지나치게 계산이나 연산에만 집중하지 않고 고르게 익히도록 한다.

⟨수학적 사고를 키우는 방법 10가지⟩

① 고정관념부터 버려라

부모가 아이에게 수학을 가르칠 때 제일 먼저 버려야 할 고정관념은 '수를 가르쳐야 한다'는 생각이다. 수학에는 숫자 외에도 많은 영역이 있다. '어떤 것이 더 많을까, 더 길까?' 하는 양과 길이에 대한 개념, '상자 안에는 무엇이 있을까?' 하는 위치와 방향에 대한 개념, '엄마 물건은 무엇일까?' 하는 분류의 개념 등이 모두 수학 교육에 포함된다. 초등학교 산수 교과서에도 수와 연산 이외에 도형, 측정, 확률, 규칙성 같은 다양한 영역들이 포함되어 있다.

② 구체적인 사물을 이용하라

어린아이에게 숫자로 된 계산 문제를 풀게 하면 모른다고 하지만 직접 물건을 이용해서 덧셈과 뺄셈을 하라고 하면 곧잘 한다. 이는 구체적인 대상 없이 머릿속으로만 생각하는 것이 어려운 아이의 인지 발달적 특징 때문이다. 그러므로 수를 가르칠 때는 물건을 사용하는 것이 효과적이다.

③ 어릴 때 수학이 평생을 좌우한다

유치원 시기에 수학을 좋아하는 아이들이 초등학교 가서도 수학을 좋아하고 성적도 좋은 것으로 나타났다. 이 결과는 수학에 대한 흥미도가 실제 수학 성적을 좌우하는 요인임을 보여준다.

④ 즐겁게 수를 가르쳐라

어릴 때부터 앉혀 놓고 더하기 빼기를 시키며 수에 대한 스트레스 주지 말고 수에 접근하게 해야 한다. 차를 타고 가면서 앞의 차 번호

더하기, 어린아이에게 숫자 정하게 하고 옆의 차 번호 빨리 찾는 사람이 이기기, 물건을 사고 직접 거스름돈 받게 하는 등의 경험이 문제를 푸는 것보다 훨씬 효과적이다.

⑤ 놀면서 수학 배우기

수도 재미있게, 숫자가 쓰여 있는 것들을 이용해서 해 보는 게 좋다. 자기 물건 정리하는 것도 분류이다. 하루 일과를 엄마랑 잠자리에 누워 이야기해 보는 것은 시간 개념이다. 지도 그리기나 꼬치 요리 만들어 보는 것은 패턴이다. 음식을 잘라서 나눠 먹는 것은 분수 개념이며, 요일별 재미있는 일을 말하는 것은 통계이다.

⑥ 생활 속 사물을 활용하라

집 안에서 '10'을 모아 보는 놀이도 덧셈을 익히는 놀이로 좋다. 집 안에서 누가 빨리 '10'을 찾나 게임으로 해 본다. '10'의 개념은 무엇이 있을까? 가령 생일 초 10년짜리 긴 것 한 개를 가져올 수도 있고, 쌀알을 10개 가져올 수도 있다. '10'이라고 쓰인 책의 번호를 가져올 수도 있다. 손가락도 합해서 10개, 발가락도 합하면 10개이다. 종이를 10장 가져올 수도 있고, 동전 10원짜리도 가져올 수 있다.

⑦ 사고를 자극하는 질문을 사용하라

추리란 원인에 따른 결과를 유추해 보는 것이다. 아이들이 6~7세가량이 되면 원인에 따른 결과를 추론하는 능력이 생기며, 결과를 유추하는 즐거움을 알게 된다.

예를 들면 집에서 흔히 사용하는 페트병과 돌을 준비한다. 페트병에 물을 붓고 돌을 넣은 다음 "여기 페트병에 물을 넣었지? 돌을 몇

개 넣으면 이 물이 넘치게 될까?"라는 질문을 한다. 아이는 물의 높이 등을 생각해 예상되는 돌의 개수를 말하고, 물의 높이와 돌의 개수에 변화를 추측할 수 있게 된다.

⑧ 오감을 사용하여 수학을 하라

집에서 흔히 믹서를 이용해서 과일 주스를 만들 때가 바로 분수를 알 수 있는 기회가 된다. 주스를 만들기 위해서 준비한 재료를 가지고 아이와 함께 이름도 알아보고 과일 주스도 만들어 본다. 아이가 키위 주스를 먹고 싶다면 무엇을 더 넣을지 결정할 기회를 준다. 키위 2개 반을 넣고 요구르트는 1/2를 넣고, 바나나를 1/4를 넣는다고 대답했다면, 그대로 넣고 믹서로 갈아서 아이가 만든 과일 주스의 맛을 보여준다. 수학을 맛으로 느끼는 경험이 된다.

⑨ 직접 몸으로 경험한다

화폐는 숫자로 구성되어 있어 아이에게 숫자의 자릿수의 개념을 설명하기 좋은 소재이다. 10원에 0이 하나 더 붙으면 100원이 되고, 거기에 다시 0이 하나 더 붙으면 1000원이 된다. 숫자들은 일정한 자리를 가지게 되고, 어디에 놓이느냐에 따라 화폐에서는 그 값이 달라진다는 것을 이해하는 것이 바로 화폐 개념이다. 이러한 돈의 개념을 알려주려면 직접 시장에 갈 때 아이와 함께 물건을 고르고 돈을 아이가 내게 해 본다. 거스름돈도 받고, 얼마나 샀는지, 무엇을 샀는지도 살펴보는 것이 바로 수학 공부인 셈이다.

⑩ 언제 어디서든 수학을 경험하게 하라

아이에게 방향 감각은 어릴 때부터 생활 속에서 꼭 필요한 능력이다. 우리 집의 방향, 가장 빠른 길로 가는 방법 등은 생활 속에서 유용하기 때문이다. 그러나 이는 학습지를 통해서 이루어지는 추상적인 사고로는 이해가 불가능하며 익히는 데 시간이 오래 걸리고 어렵다. 일상생활 중에 "엄마 등허리 좀 긁어줄래? 등허리 중간에서 위로, 오른쪽으로, 거기서 다시 위로, 이번에는 왼쪽으로. 응, 거기 좀 긁어줄래?"라고 하면 아이들은 쉽게 상하좌우를 알 수 있게 된다.

4. 한글이 쏙쏙, 한글 놀이

〈놀이를 시작하기 전에〉

언어학자들의 연구 결과에 따르면 아이들에게 있어서 언어교육의 적기는 아이가 글자에 관심을 가질 때인데 그때가 대략 5~6세라고 한다. 이때부터 천천히 시작하는 것이 가장 효과적인데 한글을 읽고 쓰는 것 이전에 엄마와 상호 작용을 통해 말을 많이 듣고 이야기해 보는 경험이 우선되어야 한다. 듣기와 말하기를 우선순위로 두지 않고 읽기나 쓰기를 무리하게 시키면 아이가 한글에 대한 거부감을 느낄 수 있다. 또 쓰기는 손힘이 길러지고 어느 정도 읽기가 이루어진 후에야 가능하다.

그림에 숨어 있는 글자 찾기 활동처럼 유아의 흥미를 유도하면서 글자를 읽거나 쓰게 해주어야 하며, 아이가 좋아하는 동화 속 글자를 가지고 할 때 더욱 효과적으로 한글 학습을 할 수 있게 된다.

⟨한글 놀이 10가지⟩

① 신문아 놀자

가정에서 아이들이 쉽게 많은 글자를 접할 수 있는 소재가 바로 신문이다. 신문을 다양하게 활용하면 효과적으로 한글을 익힐 수 있다. 신문에서 같은 글자를 찾아 동그라미를 쳐 보는 놀이를 하거나, 신문에 있는 그림을 활용하여 이야기를 만들고, 광고를 만들어 제목을 붙이는 놀이, 가족사진으로 가족신문을 만들고 글을 쓰거나 오려서 붙이는 놀이가 가능하다.

② 과자 봉지 가지고 놀기

아이들이 자주 먹는 과자나 장난감 봉지에는 여러 가지 상표나 그림과 글자가 있는데 이를 오려서 도화지에 붙이거나, 잘라서 퍼즐을 만들고 놀면 한글을 쉽게 익힐 수 있다. 과자 봉지를 잘라 사고파는 시장 놀이도 아이들에게 흥미로운 놀이가 된다.

③ 나만의 사전 만들기

아이가 좋아하는 동물이나 꽃, 식료품 등을 잡지나 전단지에서 오려서 종이에 붙여서 작은 책을 만들어 본다. 겉표지에는 '○○의 작은 사전' 이라고 쓰고 꾸미게 한다. 아이가 좋아하는 것들을 붙이고 이름을 적고 간단한 설명을 부모가 써주고 읽어주면 한글을 친숙하게 익히게 된다.

④ 끝말잇기 카드 놀이

종이로 된 카드를 여러 장 준비한 후 아이랑 끝말잇기를 하면서 번갈아 적어 본다. 카드를 쭉 이어가면서 끝말잇기를 하면 다양한 글자를 쉽고 재미있게 익힐 수 있다. 이는 표현력뿐 아니라 글자 익히기와 창의력 개발에도 도움이 된다.

⑤ 그림 편지 보내기

글자를 익히고 난 뒤에 아는 글자만으로 편지를 쓰도록 도와주면 아이가 한글 읽기와 쓰기에 즐거움과 자신감을 갖게 된다. 아이가 그림 편지를 쓰면 아이가 말하는 것을 받아 적어서 다시 읽어주거나, 아이가 아는 글자를 미리 쓴 종이를 연결하여 편지를 완성해준다.

⑥ 동화책 속 글자로 놀기

아이가 좋아하는 동화책 속의 단어를 쓴 후 그 종이들을 벽에 붙여 '○○○ 동화책 벽'을 만들어 볼 수도 있고, 주인공이 한 재미있는 말을 쓴 종이를 오려서 다른 상황의 사진이나 장면에 붙여서 다시 읽어 보는 놀이도 가능하다.

⑦ 글자 없는 그림책 읽기

글자만을 강요하다 보면 지루해지고 자칫 거부감이 들 수가 있다. 그럴 때는 글자 없는 그림책을 가지고 아이의 생각과 상상력만으로 동화책을 읽어 보는 놀이를 할 수 있다. 아이랑 책을 장난감처럼 가지고 놀면서 내용을 상상하여 이야기해 보게 한다. 그런 다음 아이의 말로 새로운 동화책을 만들어 내용을 쓰고 읽어줄 수 있다.

⑧ 시장에 가요

시장에 가기 전 아이가 사고 싶은 과일이나 물건 이름을 미리 적어 본다. 아이가 이야기하고 엄마가 적은 후 가서 그 글자를 읽으며 장을 보는 놀이이다. 아이가 사물에는 이름이 있다는 것을 알게 되고 같은 글자를 직접 눈으로 확인하면서 물건을 사게 되면 글자와 사물을 동시에 떠올려 아이에게 한글이라는 세계에 더욱 관심을 갖게 됩니다.

⑨ 이름표 달기

아이에게 친숙한 집 안 곳곳의 물건에 이름표를 달아주는 놀이이다. 카드나 스티커에 물건의 이름을 적고 각각의 물건에 맞게 이름을 붙여준다. 같은 이름표를 더 만들어서 반복해 볼 수도 있고, 엄마가 이름을 다르게 붙이고 아이가 다른 이름표를 붙인 물건을 찾아내어 바른 이름을 붙여줄 수도 있다.

⑩ 꼭꼭 숨어라

신문이나 잡지 등에 있는 아이가 좋아하거나 아는 글자를 오려서 식탁 밑에 끼우거나 아이 방, 거실, 화장실 등에 숨겨 놓거나 붙여 놓는다. 아이가 숨바꼭질하듯 그 글자들을 찾아서 가져오는 게임을 할 수도 있고, 글자에 클립을 붙여서 자석을 낀 끈에 매달아 낚시 놀이를 할 수도 있다.

5. 창의력 쑥쑥, 미술 놀이

〈놀이를 시작 하기 전에〉

언어발달이 아직 미숙한 아이들은 자신의 감정을 나타내거나 표현하기 힘들 때 미술로써 자신을 나타내기도 한다. 아이들은 자신의 개성을 표현할 수 있는 독창성을 가지고 태어나며 이를 표현하는 데 있어 다양한 재료를 마음껏 사용하고 표현할 수 있도록 해주어야 한다.

또한 아이들은 미술을 통해서 신체를 자유롭게 조절하는 방법을 배우게 된다. 색채에 대한 개념도 생기고 좋아하는 색을 사용하면서 즐거움도 얻는다. 이러한 미술 놀이는 아이로 하여금 모든 경험과 생각, 느낌을 통합하여 표현할 수 있게 해 아이의 감정과 마음을 다스리고 사물에 대한 느낌을 표현하는 즐거움을 갖게 한다.

미술 놀이는 아이로 하여금 머릿속에 떠오르는 생각을 눈에 보이는 형태로 표현하게 해주므로 사고의 발달을 돕고 문제를 해결하는 능력과 의사결정능력을 길러준다. 무엇보다 아이에게 있어 미술은 언어이며 감정의 배출 통로이므로 아이에게 자유롭고 즐거운 미술 놀이가 되도록 지도해줘야 한다.

〈즐거운 미술 놀이 10가지〉

① 찰흙 놀이

찰흙을 주무르는 과정을 통하여 재료의 특성을 이해하고 좋아하는 것을 재미있게 만들 수 있다. 아이에게 처음부터 무엇을 만들라고 하기보다는 찰흙을 주무르는 활동 자체가 즐거운 놀이가 되게 한다.

② 돌멩이로 꾸미기

돌멩이의 모양과 색깔, 크기 등을 관찰하면서 늘어놓기, 쌓기, 모양 꾸미기 등의 활동을 한다. 돌멩이를 수집해서 여러 가지로 모양을 만들어 보고 변화 있는 조형 놀이를 할 수 있다. 돌의 크기대로 나열할 수도 있고, 돌에서 여러 모양을 발견하거나 돌을 쌓아 탑을 만들거나 색칠하여 작품을 만들어 볼 수 있다.

③ 단추 늘어놓기 놀이

　단추나 바둑알 등을 이용해서 다양한 모양으로, 그림으로 늘어놓을 수도 있으며 모양을 꾸미거나 구성할 수 있다. 가정에서 쉽게 구할 수 있는 단추를 가지고 여러 가지로 늘어놓거나 크기의 차례로 놓거나 색깔별로 짝짓기를 하도록 한다. 단추를 늘어놓아서 다양한 조형의 아름다움을 느끼도록 한다.

④ 바닷속 이야기

　크레파스로 바닷속 풍경을 그린 다음 파란색 물감으로 칠하여 마무리를 하는 활동으로 아이는 그림의 윤곽선이 뚜렷하게 살아나는 즐거운 미술 경험을 하게 한다.

⑤ 구겨진 종이로 찍기

　종이를 마음껏 구긴 다음 펼쳐서 물감으로 그림을 그리면 구겨진 재질감에서 여러 가지 색이나 면의 변화에서 색다른 미를 느낄 수 있게 된다. 또는 구겨진 종이에 물감을 묻혀서 찍어 보는 놀이를 할 수 있다.

⑥ 물감 불기

　물감을 종이에 떨어뜨리고 빨대로 불어서 물감을 흘리게 하여 여러 가지 재미있는 모양을 꾸미도록 한다. 큰 붓에 물감을 많이 적셔서 떨어뜨리고 빨대로 불거나 그냥 불면 부는 방향에 따라 물감이 번지면서 색다른 작품이 완성된다.

⑦ 크레파스로 칠하고 긁기

　종이 위에 여러 가지 색의 크레파스로 빼곡히 칠한 다음 검은색 크레파스를 위에 덧칠한다. 그런 다음 못이나 펜 등으로 긁어서 그림을 그리면 다양하게 나타나는 색으로 인해 그림이 멋스럽게 표현하게 된다.

⑧ 나뭇잎으로 나타내기

나뭇잎을 수집해서 종이에 늘어놓고 다양한 모양을 완성한다. 그런 다음 나뭇잎을 붙이고 나서 색종이를 잘라서 붙이거나 크레파스나 물감으로 다른 부분을 그려 그림을 완성하게 되면 아름다운 자연물로 만든 작품이 된다.

⑨ 사진으로 만든 콜라주

여러 가지 사진을 모아서 아이들의 흥미에 따라 오려서 붙이고 잡지나 색종이 오린 것 등으로 재미있게 붙여서 마음대로 구성하도록 한다. 가위로 오리거나 자연스럽게 손으로 찢어 가며 자기 마음대로 배경이나 모양을 구성할 수 있다.

⑩ 책받침에 그리고 찍기

붓에 물감을 묻혀 책받침에 그림을 그린 다음 종이나 화선지 등을 이용해서 판화처럼 찍어낸다. 다양하게 여러 장을 찍어낼 수도 있고 수정해 가며 여러 번 찍어낼 수 있다.

EBS 라디오 멘토 부모

1판 1쇄 발행 2010년 11월 5일
1판 2쇄 발행 2011년 2월 8일

지은이 EBS 〈라디오 멘토 부모〉 제작팀 · 강학중 · 김혜경 · 이영미 · 이남옥 · 전성일

발행인 장상진
발행처 경향미디어
등록번호 제313-2002-477호
등록일자 2002년 1월 31일

서울시 마포구 합정동 196-1번지 2층 우편번호 121-883
대표전화 1644-5613, 팩시밀리 02-304-5613

저작권자 ⓒ 2010 EBS 〈라디오 멘토 부모〉 제작팀 · 강학중 · 김혜경 · 이영미 · 이남옥 · 전성일

ISBN 978-89-6518-008-1 13370

※ 파본은 구입하신 서점에서 바꾸어 드립니다.
※ 본 저작물의 컨텐츠는 한국교육방송공사로부터 허락을 받았습니다.